한비자 리더십

동양의 마키아벨리

한비자 리더십

지은이 | 임재성
발행처 | 도서출판 평단
발행인 | 최석두
신고번호 | 제2015-000132호
신고연월일 | 1988년 07월 06일

초판 1쇄 발행 | 2020년 12월 20일
초판 3쇄 발행 | 2022년 1월 25일

우편번호 | 10594
주소 | 경기도 고양시 덕양구 통일로 140(동산동 376) 삼송테크노밸리 A동 351호
전화번호 | (02)325-8144(代)
팩스번호 | (02)325-8143
이메일 | pyongdan@daum.net
※여러분의 투고를 기다리고 있습니다.

ISBN 978-89-7343-527-2 (03190)
ⓒ 임재성, 2020.

이 도서의 국립중앙도서관 출판시 도서목록(CIP)은 서지정보유통지원시스템 홈페이지
(http://seoji.nl. go.kr)와 국가자료 공동목록시스템(http://www.nl. go.kr/kolisnet)에서이
용하실 수 있습니다. (CIP제어번호: CIP2020047196)

동양의 마키아벨리

한비자
리더십

임재성 지음

평단

혼란한 시대에 필요한 지혜는 따로 있습니다

세상이 그 어느 때보다 혼란스럽습니다. 그야말로 난세(亂世)입니다. 코로나19 바이러스 하나가 세계의 정치, 경제, 교육, 문화 등 모든 것을 멈춰 세웠습니다. 언젠가는 바이러스 문제가 해결되겠지만 그 충격은 이루 말할 수 없을 것입니다.

4차 산업혁명 시대, AI로 무장한 첨단 과학기술도 우리에게 혼란을 가중시킬 것입니다. 사람과 경쟁하는 것도 버거운데, 이제는 인공지능마저 호시탐탐 인간의 영역을 노리고 있습니다.

인간은 바이러스 문제를 해결할 것입니다. 4차 산업혁명 시대의 위기와 충격에서도 벗어날 방법을 찾아낼 것입니다. 하지만 그 과정에서 대처하는 자세에 따라 고통과 불편함의 온도차는 극명하게 갈립니다. 한 나라와 지역, 공동체와 가정을 이끌어 가는 리더의 역할이 더 중요함을 깨닫게 되겠지요. 혼란한 시대, 혼란한 상황일수록 우리를 바르게 이끌 지도자의 중요성을 보게 됩니다.

어느 시대든지, 리더는 중요했습니다. 바른 생각으로 바른 방법을 찾아 실행하는 지도자가 있던 시대는 안정과 평화를 누릴 수 있었습니다. 현명하게 대처하지 못한 지도자가 있던 시대는 고통을 겪어야 했지요.

이것은 한 나라만의 이야기가 아닙니다. 한 개인의 문제이기도 합니다. 자신을 어떻게 지키고 세워 가느냐에 따라 자기 삶이 달라지기 때문입니다. 자기 삶을 바르게 리드할 힘이 없다면 혼란 속에서 헤맬 수밖에 없습니다.

그럼 어떻게 하면 혼란한 시대를 슬기롭게 준비할 수 있을까요? 《한비자》에서 그 답을 찾을 수 있습니다. 《한비자》의 역사적 배경인 춘추전국 시대가 지금 우리가 사는 시대와 너무나 흡사하기 때문입니다. 춘추전국 시대는 사회, 사상, 정치 등 모든 면에서 역동적인 변화의 시대였습니다. 하룻밤 자고 일어나면 세상이 몰라보게 바뀔 정도로 혼란했습니다.

그 같은 난세에 《한비자》는 어떻게 하면 위기를 극복하고 나라와 자신을 지켜낼 수 있을 것인지 힌트를 제공해 줍니다. 《한비자》가 전하는 지혜를 발견하고 배운다면 오늘의 혼란한 시대와 삶도 극복할 방법을 찾을 수 있을 것입니다.

《한비자》는 흔히 동양의 군주론이라고 합니다. 한 나라의 군주가 갖추어야 할 학문이라는 뜻으로 일명 제왕학(帝王學)이라 부르기도 합니다. 《한비자》는 혼란한 시대, 패자가 되기 위해서는 강력한 법치를 바탕으로 통치해야 한다고 강조합니다. 그러나 비판적 능력 없이 그 가르침을 받아들이면 오히려 해가 될 수도 있습니다. 《한비자》는 비판적인 읽기가 필요한 고전입니다.

《한비자》에 담긴 지혜는 너무 훌륭하지만 우리 시대에 걸맞은 재해석이 필요합니다. 그래서 난세에 《한비자》가 전하는 교훈과 지침을 수용해 오늘을 살아가는 데 어떻게 받아들여야 하는지 제 나름대로 재해석해 풀어냈습니다. 그 과정에서 한비가 전하려는 메시지를 왜곡해 잘못 이해하고 적용할 수 있다는 점을 말씀드립니다.

난세에 자신을 지키고 인간관계를 의미 있게 이끌기 위해 《한비자》가 추구한 사상의 토대를 활용했습니다. 술(術), 세(勢), 법(法)을 바탕삼아 이야기를 풀어냈습니다.

술(術)에서는 앞서서 미래를 꿰뚫는 냉철한 안목에 대해 나누었습니다. 지혜롭게 미래를 내다보는 능력에 관한 내용입니다. 세(勢)에서는 직시해야 할 냉혹한 현실을 간파하는 방법과 나아갈 미래를 위해 무엇을 준비해야 할지를 생각해 보았습니다. 법(法)에서는 자신과 리더들이 어떻게 신뢰를 얻고 정의를 세울 수 있을지 고민하며 풀어 보았습니다.

마지막으로 정(靜)의 덕목을 추가했습니다. 아무리 지혜롭고, 법과 원칙을 지키며 기세가 등등해도 자신을 지키지 못하면 허사라고 여겨 덧붙였습니다. 고요히 내면의 힘을 길러야 술, 세, 법에서 추구하는 가치를 이룰 수 있기 때문입니다.

어떤 시대든 사람이 살아가는 삶의 모습들은 비슷했습니다. 힘들고 혼란한 시대의 모습은 항상 있었고 누군가는 그 어려움을 잘 이겨 냈다고 역사에 기록되었습니다. 지금 우리도 그 지점에 서 있습니다.

이 책의 한 가지라도 지금 상황을 이겨 낼 지혜가 되기를 기대합니다. 자신을 지키고 모두가 난세를 극복해서 보다 나은 삶으로 도약하는 데 이 책이 작은 밑거름이 되기를 소망합니다.

2020년 11월

임재성

제1부 술 術 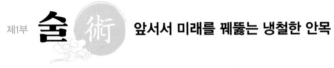 앞서서 미래를 꿰뚫는 냉철한 안목

제2부 세 勢　냉혹한 현실과 철저한 자기관리

제3부 법 法　신뢰를 얻고 정의를 세우는 엄정한 법치

제4부 정 靜 고요히 내면의 힘을 기르는 비결

《한비자》의 지은이는 누구인가?

　　《한비자》는 본래 《한자(韓子)》라고 했습니다. 그러나 송(宋)나라 이후의 학자 한유(韓愈)를 '한자(韓子)'라 부르게 되면서 둘을 구별하기 위해 《한비자》로 이름이 바뀌었습니다. 《한비자》는 지금까지 55편이 전해지는데, 한비가 저술한 것과 후학들이 가필한 것이 합쳐진 것입니다.

　　《한비자》의 저자는 한비(韓非)(기원전 280~기원전 233)입니다. 한비는 전국 시대 한(韓)나라 귀족 가문에서 태어났습니다. 덕분에 어린 시절부터 책을 가까이할 기회가 많아 학문과 문장력이 탁월했죠.

　　하지만 한비는 말더듬이였습니다. 춘추전국 시대 사상가들은 여러 나라의 왕들을 찾아다니며 자신의 주장을 정책으로 써 달라고 설득했습니다. 이를 유세라 하는데 한비는 말더듬이였던 까닭에 유세를 하는 데 심각한 어려움이 있었습니다.

한비는 한나라의 잘못된 정치에 몹시 실망했습니다. 한나라 왕들은 법률과 제도를 정비하며 나라를 다스리기보다 소인배들을 정치에 등용했습니다. 소위 '유학(儒學)' 좀 배웠다는 자들은 경전을 내세워 나라의 질서를 어지럽혔습니다. 무력으로 법령을 어기며 자신이 원하는 것을 취하는 일이 비일비재했고 이를 본 협객들은 분노했습니다.

한비가 살았던 한나라는 강대국에 둘러싸였고 전국칠웅(戰國七雄) 중에서 가장 세력이 약했습니다. 한나라 군주는 주변 강대국에 휘둘리며 나라를 제대로 다스리지 못했습니다. 이를 본 한비는 군주가 법으로 나라를 다스려야 한다고 주장했습니다.

그러나 말더듬이인 데다가 당시 유학자들의 사상과 정반대인 법가(法家) 사상을 주장했으니 한비의 주장이 먹힐 리 만무했지요. 한비는 자신의 주장이 받아들여지지 않자 유세를 포기했습니다. 대신 자신이 추구하는 정치 이념을 〈고분(孤憤)〉, 〈오두(五蠹)〉, 〈내외저(內外儲)〉, 〈설림(說林)〉, 〈세난(說難)〉 등의 글에 담아내는 쪽으로 방향을 틀었습니다. 말 대신 글로 유세를 한 것입니다.

진나라의 젊은 왕 정(政)은 우연히 〈고분〉과 〈오두〉를 읽었습니다. 그리고는 "아! 이 글을 쓴 사람과 만나 이야기를 나눌 수 있다면 죽어도 여한이 없겠다"라고 말했습니다. 그 왕은 훗날 진시황이 되지요.

한비의 글은 천하통일의 대업을 꿈꾸는 젊은 왕 정에게 꼭 필요한 사상이었습니다. 정 왕은 한비를 자신의 사람으로 만들기 위해 한나라를 침략했습니다. 오직 한비를 진나라로 보내 달라고 요구하기 위해서 말이지요. 당황한 한나라 왕은 부랴부랴 한비를 사신으로 보내 화친을 추진했습니다.

진왕 정은 한비를 얻은 후 단숨에 한나라를 공격해 한왕 안(安)을 포로로 잡고 한나라를 멸망시켰습니다. 한비는 법가 사상을 토대로 조국의 부국강병(富國强兵)을 꿈꾸며 글을 썼건만, 아이러니하게도 결국 그 글들이 조국을 멸망시키는 빌미가 된 것입니다.

진왕 정은 한비의 사상을 바탕으로 통일 대업을 이루려고 했습니다. 한비 또한 자신의 사상을 토대로 진을 강력한 나라로 만들기 원했죠. 그러나 운명은 한비를 가만 내버려두지 않았습니다.

진왕 정에게는 이사(李斯)라는 신하가 있었는데, 이사와 한비는 똑같이 순자에게서 학문을 배운 동문 사이였습니다. 말을 더듬었지만 글 솜씨와 학문이 뛰어난 한비에게 이사는 늘 열등감이 있었습니다. 게다가 군주가 한비를 총애하자, 이사는 그것을 견디지 못하고 한비를 모함했습니다. 결국, 한비는 옥에서 사약을 받고 역사의 뒤안길로 사라졌습니다. 훗날 진시황은 한비를 죽인 것을 후회하지만 이미 돌이킬 수 없는 일이 되었지요.

그렇게 한비는 사라졌지만 그의 사상은 사라지지 않았습니다. 이사와 진시황은 《한비자》의 법가 사상을 바탕으로 통일 대업을 이루었습니다.

비운의 주인공 한비는 죽어서도 부정적인 평가를 받았습니다. 진시황이 한비의 법가 사상을 바탕으로 폭정을 한 때문이었습니다. 군주가 강력한 법을 바탕으로 부국강병을 이뤄야 한다는 한비의 사상은 진시황의 폭정으로 빛을 발하지 못했습니다.

게다가 한비의 사상을 바탕으로 건국된 진나라는 20년 만에 망하고 한비가 그토록 비판했던 유가(儒家) 사상을 국교로 한 한(漢)나라가 집권하게 되었습니다. 그 후로 줄곧 유가 사상을 바탕으로 한 역사가 이어졌기에 한비의 사상이 긍정적인 평가를 받기란 더욱 어려웠습니다.

그 후 한비의 사상은 공식적으로 배척되었지만 완전히 사라지지는 않았습니다. 지배층들은 겉으로는 유가 사상을 숭상하면서도 통치 이면에서는 늘 한비의 법가 사상을 적극적으로 활용했습니다. 한비의 사상이라고 부르지만 않았지, 그것은 분명 한비의 법가 사상이었습니다.

군주가 나라를 다스리는 데 한비의 법가 사상은 절실히 필요했습니다. 통치자들에게 《한비자》는 꼭 필요한 비서(秘書, 은밀히 소장한 책)였지요. 《한비자》가 '제왕학의 교과서'라 불린 이유가 여기에 있습니다.

《한비자》 사상의 토대

한비가 주장한 법가(法家)는 춘추전국 시대 제자백가 중 하나였습니다. 춘추전국 시대 이전에는 인, 의, 예를 바탕으로 덕치주의를 주장한 유가 사상이 주를 이루었지만, 나라가 혼돈의 소용돌이에 빠지면서 신분 질서가 무너지고 제후(諸侯) 간에 다툼이 빈번해지면서 자연스레 법가 사상이 고개를 들기 시작했습니다. 제후들은 서로 공격하고 정벌하며 저마다 패자(覇者, 제후의 우두머리)가 되려 했고, 일단 패자가 되면 힘의 논리로 무장해 강한 나라를 구축하려 했습니다.

제자백가는 패자가 원하는 정책을 제시하며 유세를 펼쳤습니다. 그러나 현실과 다른 이상적인 정책이 많아서 대부분 외면당했습니다. 이때 현실을 직시하며 패자들이 원하는 부국강병의 길을 제시한 자들이 바로 법가로 무장한 사상가들이었습니다.

이들은 군주가 엄격한 신상필벌(信賞必罰, 상과 벌을 공정히 내리다)을 토대로 법치를 시행해야 통치력을 장악할 수 있다고 주장했습니다. 하룻밤 사이 나라의 주인이 바뀌는 혼란한 시대에 강력한 통치권을 행사할 근거가 되는 법가 사상은 군주들에게 구미가 당기는 것이었습니다.

한비가 법가 사상을 집대성하기 전에도 여러 갈래의 법가 학자들이 존재했습니다. 대표적인 인물은 전국시대 중기 진나라의 상앙(商鞅)이었습니다. 상앙은 법치(法治)의 확립을 강조했는데, 그가 말한 법치란 백성의 이익보다 나라의 이익을 우선시하는 것이었습니다.

두 번째는 조나라의 신도(愼到)였습니다. 신도는 권위에 바탕을 둔 세(勢)를 활용해야 타인을 제압할 수 있다며, 이른바 세치(勢治)

사상을 강조했습니다. 이때 '세'란 군주만이 갖는 유일한 권세를 말합니다.

세 번째는 한나라의 신불해(申不害)였습니다. 신불해는 술치(術治) 사상을 주장했습니다. 여기서 술(術)이란 군주가 뜻하는 바를 신하가 모르게 해 상벌의 위력을 더하는 것을 말하며, 신하의 모든 능력을 최대치로 끌어올리는 것입니다. 다시 말해, 술치란 신하를 조종해 군주의 자리를 굳게 지키는 정책을 말합니다.

한비는 상앙의 법(法), 신불해의 술(術), 신도의 세(勢)의 장단점을 종합해 법가 사상을 집대성했습니다. 한비의 법가 사상을 요약해 말하면 다음과 같습니다.

"법(法)은 철저히 군주로부터 나오며, 오직 군주가 나라를 다스리는 데 필요한 덕목으로서 존재한다. 법에 따라 공이 있는 사람에게는 상을 주고, 죄를 지은 사람에게는 벌을 주어 엄격한 나라의 기강을 확립한다. 또한 군주가 법을 집행하려면 그에 따른 권세가 있어야 한다. 권세가 있으면 군주가 재능과 지혜가 부족해도 현명한 자들을 다스릴 수 있고, 혼란스러운 시대를 잘 극복해 나갈 수 있다."

한비는 법과 권세뿐만 아니라 실질적으로 나라를 다스리는 기술이 필요하다고 생각해 신불해의 술(術)을 받아들였습니다. 또한 법술(法術)의 개념을 사용해 군주가 실질적으로 신하와 백성을 다스리는 기술적인 부분을 보완했습니다.

한비가 주장한 법가 사상은 군주에게 포커스가 맞춰져 있습니다. 군주가 강력한 법과 권세를 바탕으로 상과 벌을 적절히 활용해 부국강병을 이루도록 토대를 마련한 것입니다. 이렇게 해서 제왕학이라 불리는 통치술이 탄생했습니다.

4차 산업혁명 시대, 왜 《한비자》인가?

《한비자》는 오직 군주를 위한 책으로 만들어졌습니다. 나라의 존폐가 달린 춘추전국 시대에 강력한 통치력을 바탕으로 패자가 되려고 혈안이었던 군주들에게는 꼭 필요한 책이었습니다. 이 점은 진시황을 통해서도 입증되었습니다.

한무제(漢武帝) 이후 2천 년간 중국 왕조의 이념은 유가 사상이었지만, 그런 가운데서도 한비자의 법가 사상은 명맥을 이어왔습니다. 마찬가지로, 우리나라 조선시대에도 통치 이념은 유가 사상이었지만, 왕들은 나라를 다스리는 데 한비의 법가 사상을 토대로 삼았습니다.

한비가 말하는 제왕학(통치학)의 논점들은 위험한 면이 없지 않습니다. 때로는 비인간적이며 냉정하고 폭압적이라는 평가도 받습니다. 그런데도 이 시대에 《한비자》를 읽어야 하는 이유는 춘추전국 시대와 우리가 사는 시대가 너무나 흡사하기 때문입니다. 겉으로는 평온한 듯 보이지만, 잠시라도 한눈을 팔면 도태되는 세태는 그때나 지금이나 다를 바가 없습니다.

요즘 우리가 사는 시대는 어떻습니까? 눈을 뜨고 일어나면 세상이 바뀌어 있는 시대입니다. 인공지능으로 무장한 신기술들이 일자리를 위협하고 있습니다. 인공지능이 인간 위에 군림하고 있습니다. 경쟁이 한층 더 치열해진 이 시대에 살아남으려면, 그 어느 때보다 한비의 매서운 통찰력이 필요합니다.

한비의 주장처럼 강력한 군주가 나와야 한다는 이야기가 아닙니다. 한비의 법가 사상을 무조건 받아들여야 한다는 이야기는 더더욱 아닙니다. 그것은 오히려 우리 삶에 독이 될 수 있습니다.

다만, 한비가 군주들에게 요구했던 법(法), 술(術), 세(勢)를 바탕으로 자기 자신을 다스릴 필요는 있습니다. 우리 각자에게 필요한 통찰력과 관계술이 바로 거기에 모두 다 있기 때문입니다.

미래에 대해 막연히 기대만 하기보다 철저히 자신을 관리하고 삶의 원칙을 지켜 나갈 때 비로소 바라는 삶의 목표를 달성할 수 있다는 것이 《한비자》가 전하는 메시지입니다.

《한비자》는 춘추전국 시대 못지않게 혼돈의 시대를 살아가는 우리에게 삶의 지혜를 선사할 것입니다. 특히 리더를 꿈꾸고 있고, 좀 더 나은 삶으로 비상하길 원한다면, 《한비자》를 반드시 읽을 필요가 있습니다. 이 책을 읽으며 4차 산업혁명 시대를 의미 있게 맞이하고 발돋움할 지혜와 기술을 발견하길 바랍니다.

제1부

술

術

앞서서 미래를 꿰뚫는 냉철한 안목

통찰력은 어떻게 생기나?

지술지사, 필원견이명찰. 불명찰, 불능촉사.
智術之士, 必遠見而明察. 不明察, 不能燭私.

지혜로운 선비는 반드시 멀리 내다볼 줄 알며 분명하게 관찰한다. 밝게
살피지 않으면 사리사욕으로 인한 행위를 파악하지 못한다.
- 《한비자》〈고분(孤憤)〉편

"현재와 미래를 정확히 꿰뚫는 통찰력이
인재를 결정한다."

4차 산업혁명으로 삶이 편리해졌습니다. 청소, 밥, 냉난방은 인공지능이 알아서 해 주고, 듣고 싶은 음악도 인공지능 비서가 생체리듬에 맞게 선곡해 줍니다. 이처럼 생활이 편리해진 것은 사실이지만, 한편으로 우리가 살아갈 세상은 더 혼란스러워졌습니다.

사람들과 경쟁하는 것도 버거운데 이제는 인공지능마저 호시탐탐 인간의 영역을 노리고 있습니다. 인간이 설 자리는 갈수록 줄어들고 있습니다. 무엇을 어떻게 준비해야 이런 시대에 살아남을지 혼란스러워하는 사람이 많아 보입니다.

한 치 앞을 예측하기 힘든 지금은 춘추전국 시대와 비슷합니다. 그래서 우리는 더더욱 한비의 이야기에 귀를 기울여야 합니다. 현대의 삶을 효과적으로 살아가기 위한 힌트가 한비가 살았던 시대에

숨어 있기 때문입니다.

한비는 〈고분(孤憤)〉 편에서 지혜로운 선비의 전형을 다음과 같이 이야기합니다.

＊

지혜로운 선비, 즉 통치술에 정통한 인재는 반드시 먼 장래를 정확하게 꿰뚫는다. 그렇지 못하면 이익을 추구하려는 음모를 밝혀낼 수 없다. 법에 따라 나라를 다스리는 인재는 의지가 강하며 부정을 용서하지 않는다. 그가 만약 강직하지 못하면 사람들의 간사함을 바로잡을 수 없다.

신하는 명령에 따라 일을 추진하고 법에 근거해 임무를 처리하면, 중인(重人)이라 불리지 않는다. 중인이란 명령을 무시하고 제멋대로 일을 처리하며, 법을 어기고, 자신의 이익을 추구해 국가의 재정을 빼돌려 자기 집안만 이롭게 하면서 군주를 자기 뜻대로 움직이려는 자를 말한다.

춘추전국 시대에 지혜로운 인재가 군주 앞에 선다는 것은 하늘의 별을 따기만큼이나 어려웠습니다. 군주 곁에 중인(重人)들이 득실거렸기 때문입니다. 중인이란 자기 배를 불리기 위해 군주를 이용했던 사람들을 말합니다. 이들은 군주의 명령을 무시하고 제멋대로 일을 처리했습니다. 자신의 이익 추구에만 관심을 두었고, 자신의 이익에 조금이라도 해가 될까 봐 인재가 군주 곁에 서는 것을 막았습니다. 인재 등용을 가로막아 군주의 눈과 귀를 어둡게 만든 것이지요.

한비는 먼 장래를 정확하게 꿰뚫는 것이 중인들의 음모를 극복하는 길이라고 말했습니다. 미래뿐만 아니라 현재의 일 또한 정확히 꿰뚫어야 간사한 무리에 현혹되지 않는다고 했습니다.

군주가 중인들의 음모를 극복하고 간사한 무리에 현혹되지 않으려면 법에 따라 나라를 다스릴 인재가 있어야 합니다. 무슨 일이든 전체상을 읽어 내되 법의 테두리 안에서 진행하는 인재 말입니다. 그렇지 않으면 호시탐탐 나라를 무너뜨리려는 간신들에 의해 나라가 위태로워집니다. 춘추전국 시대에는 중인 같은 신하들이 그런 간신 무리였지요. 〈고분(孤憤)〉 편의 다음 이야기에서 그 의미를 좀 더 생각해 보겠습니다.

＊

무릇 신하의 이익과 군주의 이익은 서로 다르기 마련인데 그것은 다음과 같다.

첫째, 군주의 이익은 재능 있는 자를 관직에 임명함에 있고, 신하의 이익은 재능 없이도 요직을 얻어 내는 데 있다.

둘째, 군주의 이익은 일 잘하는 사람을 얻어 작위와 봉록을 주는 데 있고, 신하의 이익은 아무 공로 없이 부귀를 얻는 데 있다.

셋째, 군주의 이익은 재능 있는 호걸을 유용하게 부리는 데 있고, 신하의 이익은 패거리를 결성해 사욕을 채우는 데 있다. 이런 까닭에 국토가 깎여도 대신의 집은 부유해지고, 군주가 비천해져도 대신의 권력은 더욱 막강해진다.

당시 춘추전국 시대는 군주 한 사람에 의해 모든 것이 결정되는 전제정치의 시대였습니다. 잠시라도 정치를 잘못하면 호시탐탐 기회만 엿보고 있던 다른 나라에 의해 망하기 쉬웠습니다. 그런데도 군주와 신하는 물론이고, 군주의 첩과 아들, 측근 모두가 나라보다는 자신의 이익을 위해 움직였습니다.

〈비내(備內)〉 편을 보면, 춘추전국 시대 역대 왕조를 통틀어 병들어 죽은 왕은 절반도 안 됩니다. 대부분은 권력 암투 때문에 죽임을 당했습니다. 군주에게 춘추전국 시대는 한 치 앞도 내다볼 수 없는 암흑기였고, 군주의 자리는 살얼음판이었습니다. 군주에게 사람을 보는 안목과 부하를 다스리는 기술이 특히 더 필요했던 것은 그래야 나라를 제대로 다스릴 뿐만 아니라, 자신을 지킬 수 있었기 때문입니다.

한비는 먼 장래를 내다보고 일을 꿰뚫어보는 능력을 군주의 중요한 덕목으로 꼽았습니다. 다음의 〈고분〉 편을 통해 그 의미를 잘 생각해 보겠습니다.

*

지혜로운 인재는 먼 날의 일을 내다볼 줄 알고, 죽는 것이 두려워 권세 있는 사람을 따르는 일은 결코 하지 않는다. 현명한 인재는 몸을 닦아 청렴하기 때문에 간신들과 한패가 되어 군주를 속이는 것을 부끄러워하고, 결코 권세 있는 사람을 따르지 않는다.

지혜롭게 미래를 준비하려면 먼 장래를 볼 수 있어야 합니다. 자신이 원하는 삶의 목적과 목표를 명확히 그려 낼 수 있어야 하죠. 1인 기업가이든, 회사의 리더이든, 자신이 맡은 분야의 일을 꿰뚫어 볼 수 있어야 합니다. 새로운 인생길에 선 사람도 마찬가지로 자신이 하고 싶은 일의 미래와 현재를 냉철하게 살필 수 있어야 합니다. 실패와 성공을 가늠하는 데는 리스크와 변수를 알 필요도 있습니다. 그래야 어떤 유혹이 와도, 도중에 실패를 겪어도, 흔들리지 않을 수 있습니다.

　수단, 방법 가리지 말고 먼 날의 일을 내다보라는 말이 아닙니다. 그 과정과 절차에서 정직해야 합니다. 누군가 당신의 삶을 무너뜨리려 할 때 이를 극복해 나가는 능력은 바로 정직함, 청렴함 속에 깃들어 있기 때문입니다.

　지금 당신은 자신이 살아가고 싶은 삶, 이루고 싶은 목표를 향해 멀리 내다보고 있습니까? 분명하게 관찰하고 있습니까? 현재의 모습이 앞으로 어떤 결과를 가져올지 예측하고 있습니까?

　법과 원칙을 정직하게 지키며 이 물음에 현명한 답을 내리기를 바랍니다.

제 2 장

떡잎부터 가능성을 발견하는 방법은?

고왈, 견소왈명.
故日, 見小日明.

노자가 말하기를 "사물의 작은 싹을 보고 아는 것을 '밝다'라고 한다."
- 《한비자》 〈유로(喩老)〉 편

"미세한 것을 보고도 앞으로의 일을 알 수 있으며
단서만 보고도 결과를 짐작한다."

　하루아침에 놀라운 사건이 벌어지는 일은 거의 없습니다. 대개는 사건이 벌어지기 전에 미세한 움직임이 있기 마련입니다. 지혜로운 사람이라면 그 미세한 움직임을 포착하면서 오늘을 통찰하고, 오늘 일어난 일들을 발판 삼아 더 나은 미래로 나아갈 것입니다.

　한비는 나라를 다스림에 있어서 작은 움직임에 관심을 가져야 한다고 강조하며, 군주가 나라를 다스릴 때 필요한 전략을 다음 세 가지로 요약했습니다.

　첫째, 독단독람(獨斷獨覽)입니다. 군주라면 모든 권력을 자신이 독점해야 한다는 뜻입니다. 신하에게는 단지 간언을 허락할 뿐 권한을 주어서는 안 된다고 합니다. 이는 한비의 '제왕학'을 대변하는 대표적인 내용이기도 합니다.

둘째, 심장불로(深藏不露)입니다. 군주는 자신의 견해와 감정을 철저히 감춰 자신의 생각이 신하들에게 읽히지 않도록 하라는 뜻입니다. 그래야 신하들은 군주의 의중을 알기 위해 복종하고 충성하게 됩니다.

셋째, 참험고찰(參驗考察)입니다. 군주는 신하들의 과거와 현재의 성격, 심리 상태를 조사하고 분석해 미래를 예측하라는 뜻입니다. 그렇게 해서 발 빠르게 대안을 찾아야만 부국강병(富國强兵)을 이룰 수 있다고 한비는 주장했습니다.

여기서 우리가 눈여겨보아야 할 대목은 바로 참험고찰입니다. 자기 삶을 리드하며 미래를 준비하려면 꼭 갖추어야 할 덕목이 참험고찰입니다. 〈설림(說林) 상〉 편에 나오는 다음 이야기를 통해 이에 관해 좀 더 생각해 보겠습니다.

＊

노나라에 비단 신을 잘 만드는 남편과 비단을 잘 뽑는 아내가 살았다. 이 부부가 월나라로 이사하려고 하자 어떤 이가 말했다.

"그대는 반드시 궁핍해질 것이오."

남편이 물었다.

"왜 그렇소?"

"신은 발에 신는 것인데 월나라 사람들은 맨발로 다니고, 비단 모자는 머리에 쓰는 것인데 월나라 사람들은 머리카락을 짧게 자르고 생활하오. 그대 부부의 기술이 아무리 뛰어나도 신발과 모자가 쓰이지 않는 나라로 간다면, 아무리 노력한들 가난해지지 않을 수 있겠소?"

이 노나라 부부는 다른 나라로 이사하면서 그 나라의 실정을 살피지 않았습니다. 현재 처한 현실을 미래에도 여전히 적용하고 있으니 이 부부가 실패하는 것은 당연한 일입니다. 준비는 열심히 하고 있지만 그 '열심'은 의미 있는 결과로 이어지지 못할 게 분명합니다.

우리 삶에도 그런 일이 빈번하게 일어나고 있습니다. 자신이 하려는 일에 대해 분석하고 예측해 보지 않는 사람이 너무나 많습니다. 많은 사람이 누군가의 이야기, 주변 사람들의 성공담에만 관심을 두고 미래를 낙관합니다. 현실 이면의 보이지 않는 것에는 전혀 관심을 두지 않고, 당장 눈앞에 닥친 문제를 해결하는 데 급급하며 살아가는 경향이 강합니다.

대학에 진학할 때도 그렇습니다. 자신의 특성이나 장래 희망과는 상관없이 대학 간판만 보며 학교를 선택하는 학생들이 많습니다. 그러다 보니 휴학, 전과, 자퇴하는 학생이 많은 것입니다.

취업할 때도 다르지 않습니다. 대기업 같은 안정적인 직장 아니고는 별로 관심을 두지 않습니다. 불안하게 흔들리는 시대이니 이해는 되지만, 그런 선택은 후회로 귀결될 가능성이 큽니다. 퇴직을 앞둔 사람들도 비슷해서 대부분 당장 성공하기 쉬워 보이는 프랜차이즈 사업에 뛰어듭니다. 그러다가 얼마 못 가 실패의 쓴잔을 마시는 사람이 성공하는 사람보다 훨씬 많습니다.

왜 그런 선택을 하는 걸까요? 사물의 싹을 보고 미래를 알아내는 능력이 부족해서 그렇습니다. 〈유로(喩老)〉 편에서 한비는 삶의 이치를 다음과 같이 표현했습니다.

*

문으로 나가지 않아도 천하를 알 수 있고, 창문으로 내다보지 않아도 자연의 이치를 안다.

한비는 사람의 몸에 뚫린 구멍은 정신의 창문 역할을 한다고 보았습니다. 그것은 주위에서 일어나는 일을 제대로 알기 위한 기관이라고 합니다. 따라서 눈과 귀가 음란한 것을 탐닉하면 외부의 사물에 정신력을 소진하게 되어 자기 몸을 주체할 수 없게 됩니다. 자기 몸의 주재자가 없어지면 화복(禍福)이 산더미처럼 밀려와도 그것을 발견할 수 없다는 것이 한비의 논리입니다.

그래서 한비는 노자의 말을 인용해 "문으로 나가지 않아도 천하를 알 수 있고, 창문으로 내다보지 않아도 자연의 이치를 안다"라고 했습니다. 눈과 귀 등 몸에 뚫린 구멍이 불필요한 것들에 사로잡히면 미래를 예측할 수 없습니다.

이는 불필요한 욕망에 사로잡혀 나아갈 길을 바라보지 못함을 경계하는 말입니다. 주변 사람들의 이목이나 체면 때문에 자신이 원하는 삶의 길을 찾지 못하는 사람들을 향한 일침이지요. 그럴듯한 외형만 추구하다 보면, 정작 자신이 원하는 삶으로 전진하지 못하게 됩니다.

자신의 미래가 어떻게 펼쳐질지 아는 것은 지금의 삶을 관조하는 능력에 달려 있습니다. 현재 자신의 삶이 어떻게 펼쳐지고 있는지 잘 분석하면 앞날도 예측할 수 있다는 이야기입니다.

〈설림(說林) 상〉 편에는 현재 모습으로 미래를 유추하는 이야기가 있습니다.

＊

은나라 주왕(紂王)이 상아로 젓가락을 만들자 기자(箕子)가 두려워하며 말했다.

"상아로 젓가락을 만들었으니, 질그릇에 국 담기를 꺼려 주옥 그릇을 만들 것이고, 그리되면 손쉽게 구할 수 있는 음식은 어울리지 않을 테니 개 발바닥이나 코끼리고기나 표범고기를 구하게 될 것이며, 음식이 그처럼 사치스러우면 아무래도 짚풀로 엮은 집으로는 안 될 것이니 반드시 비단옷을 입고 고대광실(매우 크고 좋은 집)에서 살아야 할 것입니다. 이것을 모두 충족시키려면 천하의 재물을 동원해도 모자랄 것입니다."

성인은 미세한 것을 보고도 앞으로의 일을 알 수 있으며 단서만 보고도 결과를 짐작한다. 기자가 상아 젓가락을 보고 두려워한 것은, 주왕이 자신의 욕망을 충족시키기 위해 결국 천하를 바꾸게 될 것으로 짐작했기 때문이다.

기자는 은나라 주왕이 상아 젓가락을 만들 때부터 나라의 미래를 예측했습니다. 상아 젓가락을 만들면 그에 걸맞은 그릇과 음식, 옷이 필요하다는 사실을 직감한 것입니다. 상아 젓가락을 만드는 것을 시작으로 사치스러운 행동이 이어질 게 분명했습니다.

실제로 은나라는 그 후 5년 뒤에 멸망합니다. 한비가 군주에게 미세한 것을 보고 미래를 예측해 대비하라고 말한 이유가 거기에 있습니다.

그렇다면 희망찬 미래를 준비하려면 어떻게 해야 할까요? 〈설림(說林) 하〉 편에 나오는 이야기에서 그 답을 찾을 수 있습니다.

*

포악한 자의 이웃에 사는 사람이 있었다. 그가 견디다 못해 집을 팔고 이사하려 하자 어떤 사람이 이렇게 말하며 말렸다.

"그자는 죄가 쌓여 극에 달했으므로 스스로 망할 테니 잠시 기다려 보십시오."

이사하려던 사람이 말했다.

"그가 나한테 행패를 부리는 게 마지막 일이 될까 봐 걱정이 태산 같습니다."

그렇게 말하더니 그는 결국 이사했다.

그래서 옛말에 "어떤 일이든 위험한 징조가 보이면 주저하지 말고 결단을 내려야 한다"라고 한 것이다.

징조가 보이면 주저하지 말고 결단을 내리라고 한비는 말했습니다. 징조들이 사소하다고 결단하지 못하는 순간, 작은 사고들이 일어나며 결국은 큰 낭패를 겪을 수 있습니다.

당신의 삶을 가만히 살펴보십시오. 당신의 사소한 행동들이 어떤 결과로 이어지고 있습니까? 소망이 없다면 주저하지 말고 결단하십시오. 그것이 의미 있는 인생으로 나아가는 첫걸음입니다.

제3장

지식은 어떻게 확신이 되나?

고사인어세, 이비적어사.
故事因於世, 而備適於事.

그러므로 일은 세상에 맞게 하고 준비는 일에 맞게 해야 한다.
– 《한비자》〈오두(五蠹)〉 편

"지혜로운 사람도 모르는 것이 있을 때는 말과 개미를
스승 삼아 지혜를 빌렸다. 그러나 요즘 사람들은
성현들의 지혜조차 스승 삼으려 하지 않는다."

우리가 삶에서 배운 것들은 처음에는 지식 차원에 머뭅니다. 지식이란 어떤 대상에 대해 배운 것, 실천을 통해 인식 또는 이해하게 된 사실을 말합니다. 책을 읽고, 강의를 들으며, 자료에서 찾은 것들이 모두 지식에 포함됩니다. 말하자면, 지식이란 남의 것을 있는 그대로 받아들인 것입니다.

지식이 풍부하면 취업, 업무, 승진에 많은 도움이 됩니다. 지식은 능력 성장에 꼭 필요한 것입니다. 그래서 사람들은 지식을 쌓기 위해 동분서주합니다. 좀 더 많은 지식을 쌓으려고 명문대를 찾고 실력 있는 스승을 모시려 합니다. 전문 지식을 많이 쌓을수록 안정된 직장을 얻을 수 있다는 생각에 해외 유학도 합니다.

하지만 살다 보면 지식만으로는 부족하다는 사실을 깨닫게 됩니다. 지식에 머물지 않고 지성의 단계로 나아가야 할 이유이지요. 지성이란 삶의 현장에서 직접 가슴으로 배우면서 깨우치는 과정을 말합니다. 즉 남의 것을 자신의 것으로 만드는 과정이 지성입니다. 그러나 지성을 갖추는 데 머무르지 않고, 궁극적으로는 지혜로 나아가야 합니다.

지혜란 사물의 이치를 재빨리 깨닫고 사물을 적확하게 처리하는 정신적 능력을 말합니다. 지혜가 있다는 것은, 무엇이 좋고 중요하고 가치 있는 일인지 알아내는 힘이 있다는 뜻입니다. 다시 말해, 지혜란 지성이라는 밑바탕에 경험과 체험을 쌓아 깨닫게 된 결과물에 해당합니다.

한비는 춘추전국 시대 사람들이 지식을 어떻게 활용하며 살아가야 할지 이야기했습니다. 〈내저설(內儲說) 하〉 편에 나오는 다음 이야기를 살펴봅시다.

＊

진나라 문공(文公) 때 요리사가 생선 요리를 올렸는데 어찌 된 일인지 요리에 머리카락이 감겨 있었다. 문공이 요리사를 불러 문책했다.

"너는 과인이 목이 막혀 죽기라도 바랐냐? 어찌하여 구운 고기에 머리카락을 감았느냐?"

요리사는 고개를 조아리고 사죄하며 말했다.

"저는 사형에 해당하는 죄를 세 가지나 범했습니다. 일단, 숫돌에 갈아 예리하기가 명검 같은 칼로 고기를 잘랐건만, 머리카락은 자르지 못했으니 이것이 첫 번째 죄입니다. 꼬챙이로 살점을 꿰뚫었건만 머리카락은 뚫지 못했으니 이것이 두 번째 죄입니다. 그리고 숯을 가득 채운 화로에 속까지 완전히 익도록 구웠으나 머리카락은 태우지 못했으니 이것이 세 번째 죄입니다.

이런 점으로 미루어볼 때 혹시 제 아랫사람 가운데 저를 미워하는 자가 있어서 이런 못된 짓을 했을지 모를 일입니다. 부디 진상을 규명해 주십시오."

문공은 이 말에 수긍하고 아랫사람들을 불러 문책했는데, 과연 범인이 그중에 있었다.

한비가 이 이야기를 통해 알리고자 한 첫 번째 메시지는 신하들이 서로를 모함하며 자기 이익을 취하고 있다는 사실이었습니다. 정당하게 일하는 사람들을 해하려는 무리가 있으니 조심하라는 경고입니다. 당시 신하들은 개인의 이익을 위해서라면 누구든 기꺼이 희생 제물로 삼았습니다. 요즘과 크게 다르지 않은 모습입니다.

하지만 여기서 우리가 주목할 점은 지식을 활용하는 능력입니다. 누군가가 요리사를 모함했습니다. 자신의 무죄를 입증하지 못하면 꼼짝없이 사형당할 위기에 처한 요리사는 자신이 범인이 아니라는 사실을 논리적으로 증명해야 했습니다. 그는 자신이 요리한 과정을 정확히 이야기하며 머리카락이 감겨 있는 원인이 다른 데 있음을 주장했습니다. 자신이 가진 지식과 지성을 총동원해 현재 상태를 정확하게 파악하고 처리했습니다.

〈설림 상〉 편에 나오는 다른 이야기를 살펴보겠습니다.

*

제나라 관중과 습붕이 환공을 따라 고죽국을 정벌했다. 봄에 출발했던 그들은 겨울이 되어 돌아오면서 길을 잃고 말았다. 관중이 "이런 경우에는 늙은 말의 지혜를 빌리는 것이 좋습니다"라고 말한 뒤 말을 풀어 그 뒤를 따라가 마침내 길을 찾았다.

이번에는 산속을 가는데 물이 없어 곤란을 겪게 되었다. 그때 습붕이 "개미는 겨울에 산 남쪽에 살고 여름에 산 북쪽에 사는데, 그 개미집 아래 여덟 자 되는 곳에 물이 있는 법이지"라고 했다. 과연 습붕의 말대로 개미집을 찾아내 밑을 파자 물이 발견되었다.

관중과 습붕의 지혜는 놀랍습니다. 상황이 어렵게 되자 동물의 특성을 활용해 돌파구를 찾았습니다. 동물들의 특성을 알고 있다는 것은 평소 그들의 관찰력이 대단했다는 이야기입니다. 세심하게 관찰하지 않고는 말이 어떻게 행동하는지 알 수 없고, 개미들이 겨울과 여름에 사는 곳이 다르다는 것도 파악하기 어렵습니다.

이처럼 주변에서 일어나는 일들을 세심하고 주의 깊게 살펴 지식을 확보해야 지성에 이릅니다. 나아가 생활 속에서 얻은 지식이 위급한 상황에서 지혜로 발휘될 수 있어야 합니다. 한비는 이 이야기를 다음과 같이 마무리합니다.

*

"관중이나 습붕 같은 지혜로운 사람도 모르는 것이 있을 때는 말과 개미를 스승 삼아 지혜를 빌렸다. 그러나 요즘 사람들은 자기의 어리석음을 깨닫지 못하고 성현들의 지혜를 스승 삼으려 하지 않으니, 이 얼마나 어리석은 행동인지 모르겠다."

지혜는 경험과 체험의 산물입니다. 수많은 경험과 체험, 연륜에서 지혜가 만들어집니다. 한비는 지나온 역사와 성현들의 삶에서 지혜를 배우라고 강조했습니다. 한비 역시 비록 말은 서툴렀지만, 옛 성현들의 삶에서 얻은 지혜로 혼란의 시기를 잘 극복했습니다.

지혜는 지식을 활용하는 능력입니다. 다시 말해, 지혜란 지성으로 익힌 것을 삶에서 체득한 것이며, 잔머리를 굴리지 않고 수많은 시간과 세월 속에서 길어 낸 삶의 정수입니다.

지혜에 이르지 못한 어설픈 지식은 오히려 화를 부릅니다. 어설픈 지식으로는 주장을 논리적으로 펼쳐 낼 수도 없습니다. 〈외저설(外儲說) 좌상〉 편의 이야기로 좀 더 자세히 살펴보겠습니다.

*

조나라 우경(虞慶)이 새로 지은 집을 보고 목수에게 말했다.

"집이 좀 높은 것 같소."

목수가 대답했다.

"새집이어서 벽의 흙이 아직 마르지 않은 데다 서까래가 생나무여서 더 그렇습니다. 시간이 지나 벽토와 서까래가 충분히 마르면 집이 차차 낮아질 것입니다."

그러자 다시 우경이 말했다.

"아니다. 그렇지 않다. 시간이 지나면 벽토와 서까래는 마를 것이지만, 벽토는 가벼워지고 서까래는 반듯해질 것이다. 반듯해진 서까래가 가벼운 벽토를 지탱하게 되면 집은 더욱 높아질 것이 아닌가?"

우경의 그럴듯한 논리에 목수는 대꾸할 말이 없어서 시키는 대로 손질했다. 그러나 얼마 지나지 않아 집은 무너지고 말았다.

목수는 자신의 지식을 끝까지 주장하지 못했습니다. 우경의 말이 워낙 그럴싸했고, 자신의 지식을 믿지 못했기 때문입니다. 그 결과 집이 무너지는 참담한 일이 벌어졌습니다. 목수의 지식은 한마디로 어설펐습니다.

한비는 군주가 나라를 어떻게 다스려야 할지 확신을 가지지 못하면, 교묘한 변설과 화려한 언사만 앞세우는 이들을 물리치지 못한다고 했습니다. 그러므로 군주는 무엇보다 나라를 다스릴 지식을 확실하게 갖추어야 한다고 했지요. 그래야 감언이설을 일삼는 신하들을 물리칠 수 있다는 것입니다.

취업, 사업, 직장생활로 의미 있는 결과를 만들어 내려면 지식이 중요합니다. 그러나 더 중요한 것은 지식을 삶 속에서 활용하는 능력입니다. 지식을 바탕으로 지성을 겸비해야 합니다. 나아가 지혜로운 사람으로 성장해야 합니다.

여기서 지혜의 진정한 의미를 생각해 볼 필요가 있습니다. 지혜는 대체로 선한 일에 쓰입니다. 아무리 뛰어난 지식도 나쁜 범죄를 저지르는 데 활용했다면, 우리는 이를 지혜롭다고 말하지 않습니다. 자신의 이익만 추구한 사람에게 지성을 겸비했다고 이야기하지 않는 것과 같습니다.

지식이 세상에 유익함을 줄 때만 지혜롭다고 이야기합니다. 세상은 지혜로운 선택에 의해 좀 더 나은 방향으로, 살기 좋은 곳으로 변합니다. 지식이 부족해도 사람들을 행복하게 만드는 지혜로운 사람들이 있습니다. 지식과 지성을 겸비하는 것보다 지혜로운 사람이 되어야 합니다. 지혜는 나뿐만 아니라 모두를 위한 것이기 때문입니다.

제 4 장

신념은 어떻게 인정받게 되나?

만승지환, 대신태중. 천승지환, 좌우태신.
萬乘之患, 大臣太重. 千乘之患, 左右太信.

큰 나라의 근심은 대신(大臣)의 권력이 지나치게 큰 데 있고, 작은 나라의
근심은 근신(近臣)이 너무 신뢰를 받는 데 있다.
－《한비자》〈고분(孤憤)〉편

"화씨는 자신이 발견한 옥이
진짜라는 확신이 있었다. 그래서 두 발이 잘려도
포기하지 않았다."

여러분은 자신이 원하는 삶을 향해 용기 있게 나아가고 있나요?
어떤 위협에도 자신의 신념을 꺾지 않을 자신이 있나요? 여러분은
자신이 정직하고 정의로운 인재를 알아보고 응원해 줄 리더라고
생각하나요?

한비가 살았던 춘추전국 시대나 4차 산업혁명이 진행되고 있는
지금이나 쉽게 '예'라고 답할 수 없는 질문들입니다. 그러기에는 우
리 앞에 가로놓인 장애물이 아주 많습니다.

이에 관한 고민을 해결할 실마리가 〈화씨(和氏)〉 편에 나옵니다.

＊

초나라 사람 화씨가 초산에 갔다가 크고 순도 높은 옥을 발견했다.

화씨는 그 옥을 여왕(厲王)에게 바쳤고, 여왕은 그 옥을 감정가에게 맡겼다. 옥 감정가가 말했다.

"이것은 돌입니다."

여왕은 화씨가 자기를 속이려 했다고 생각하고는 화씨의 왼쪽 발을 잘랐다. 세월이 흘러 여왕이 죽고 무왕(武王)이 즉위하자 화씨는 그 옥돌을 무왕에게 바쳤다. 무왕도 옥 감정가에게 감정하도록 했는데, 같은 대답이 돌아왔다.

"이것은 돌입니다."

무왕은 화씨가 자기를 속였다고 여기고 그의 오른쪽 발을 잘랐다. 또 세월이 흘러 무왕이 죽고 문왕(文王)이 즉위했다. 화씨는 초산 아래에서 그 옥돌을 끌어안고 사흘 밤낮을 울었다. 나중에는 눈물이 말라 피눈물을 흘렸다. 문왕이 이 소식을 듣고 사람을 시켜 그 까닭을 물었다.

"천하에는 그대 말고도 발이 잘린 형벌을 받은 이가 많다. 그런데 그대는 뭐가 그리 서러워서 그토록 슬피 우는가?"

화씨가 말했다.

"저는 발이 잘려서 슬퍼하는 게 아닙니다. 보물을 돌이라 하고 정직한 사람을 거짓말쟁이로 몰아 벌을 내린 것이 슬플 따름입니다."

그 말을 들은 문왕은 그 옥을 다듬게 해 훌륭한 보배를 얻었고 거기에 '화씨의 옥'이라는 이름을 붙였다.

이 이야기에서 화씨지벽(和氏之璧)이라는 사자성어가 탄생했습니다. 화씨의 옥이라는 말로, 천하에 둘도 없는 귀한 구슬을 뜻합니다. 어떤 난관도 참고 견디며 자신의 의지를 관철시키는 행위를 일 컬어 '화씨지벽'이라고 합니다.

한비는 어리석은 군주들을 깨우치기 위해 법술지사(法術之士)들이 얼마나 고생하는지, 화씨의 옥을 비유로 이야기했습니다. 법술지사 란 자기 이익이나 세력 다툼에는 관심이 없고, 오직 법(法)과 술(術)에 따라 나라를 부국강병의 길로 이끄는 데만 관심을 두었던 사람들 을 말합니다. 이들은 세상의 흐름을 꿰뚫어 변화를 읽어 내고, 어떻 게 나라를 다스려야 할지 방향을 잡고 나아갔습니다.

법술지사들은 자신의 뜻을 이루기가 결코 쉽지 않았습니다. 화 씨지벽의 옥 감정가처럼 자신의 이익만 추구하던 신하들에 의해, 걸핏하면 모함당하기 일쑤였기 때문입니다. 당시 신하들은 그 구 슬이 진짜인지 가짜인지는 전혀 관심이 없었고, 오직 왕에게 잘 보 이는 데만 혈안이 되어 있었습니다. 그들에게 중요한 것은 자신의 자리를 지키고 이익을 얻는 것뿐이었기에, 나라를 위한 참 일꾼이 왕 앞에 설 기회조차 아예 차단해 버렸습니다.

한비는 한눈에 보물을 알아보지 못하는 군주들을 보며 화씨와 같은 법술지사가 많아져야 한다고 강조했습니다. 설령 다른 신하 들의 모함으로 비참한 처지에 놓인다 해도 끝까지 포기하지 말라 는 말을 하고 싶었을 것입니다.

나라를 위하는 한비의 간절한 마음은 〈고분(孤憤)〉 편에서도 절 절하게 나타납니다. '고분'이란 자신의 주장을 알아주는 이가 없어 서 홀로 울분에 가득 찬 마음을 터트린다는 뜻을 담고 있습니다.

나라를 통치하는 데 제대로 된 인재가 등용되지 못하는 안타까움이 〈고분〉 편에 잘 나타납니다. 한비의 통치 사상이 이 한 편에 녹아 있다 해도 과언이 아니지요. 진시황도 이 글을 읽고 감탄했다고 합니다.

〈고분〉 편에 실린 한비의 이야기를 화씨지벽과 연결해 살펴보겠습니다.

*

요직에 있으면서 군주의 신임과 사랑을 받지 않는 경우는 드물다. 옛날부터 군주와 가까운 사이라면, 더 말할 것도 없다! 본래 이런 자들은 군주의 좋고 싫은 것에 맞추는 것을 승진의 방법으로 삼았다. 직위가 높고 귀하며 따르는 패거리가 많으면, 자연히 온 나라가 그를 칭송하게 되기 때문이다.

그러나 통치술에 정통한 인재는 군주에게 등용되기를 바라더라도 군주의 신임이나 사랑을 받을 만한 친분이 없으며, 오래전부터 군주와 잘 아는 친근한 사이도 아니다. 그런 데다 아부와 기만으로 가려져 있는 군주의 마음을 법도에 맞는 말로 바로잡으려 하니, 군주의 마음을 거스를 수밖에 없다.

당시, 진정으로 나라를 생각하는 사람들은 많은 어려움을 겪었습니다. 지금도 마찬가지입니다. 시대의 변화를 관통한 정말 유익한 아이디어를 가지고도 일할 기회조차 얻지 못하는 것이 우리의 현실입니다. '낙하산 인사' '보신주의(개인의 행복만 추구하는 태도)' 같은 것 때문에 인재가 실력을 발휘하지 못하고 있습니다. 공직에 있는 사람들도 자신의 자존심과 자리를 지키기에 급급할 뿐, 나라의 발전을 위한 선택을 하지 않습니다.

삶은 해석입니다. 바라보는 관점을 어떻게 하느냐에 따라 답이 다르고, 삶 자체가 달라집니다. 즉, 삶은 어떻게 적용하느냐의 문제입니다. 독서의 참 의미, 역사를 배우는 본질도 거기에 있습니다. 그렇다면 화씨지벽의 이야기를 통해 우리는 어떤 삶의 자세를 갖추면 좋을까요?

먼저, 자신이 법술지사처럼 살아가고 있는지 아닌지를 살펴볼 필요가 있습니다. 여러분은 자신과 자신이 속한 조직을 의미 있게 변화시키려고 노력하고 있습니까? 아니면 개인적인 이익만 추구하고 있습니까? 오늘의 삶에서 미래를 위해 준비하고 노력하고 있는지, 아니면 별다른 준비 없이 아첨하고 아부하며 상사의 신임만 얻으려고 하는지 냉철하게 점검해 보십시오.

교묘한 술수로 기회만 엿보는 방식에서 돌아서야 합니다. 그렇지 않으면 여러분 자신뿐만 아니라, 여러분이 속한 조직 또한 미래가 어두울 것입니다.

다음으로, 변화를 꿰뚫어보는 능력으로 무장할 필요가 있습니다. 법술지사들은 어떤 방향으로 나라를 변화시켜야 할지 알았습니다. 이처럼 여러분도 자신이 속한 조직이 나아갈 방향을 꿰뚫어야 합니다. 어떻게 하면 자신이 속한 조직이 성장하고 발전할지를 알아야 합니다. 획기적인 아이디어이든, 기획안이든, 아니면 구체적인 방법이든, 무언가 있어야 시도든 조언이든 할 수 있지 않겠습니까? 아무것도 모르면서 의욕만 앞서서는 곤란합니다.

끝으로, 자신이 준비한 것이 확실하다면 끝까지 해 보려는 마음이 필요합니다. 화씨는 자신이 발견한 옥이 진짜라는 확신이 있었습니다. 그래서 두 발이 잘려도 진실을 밝히려는 시도를 포기하지 않았습니다. 진짜 좋은 옥이라는 확신이 없었다면, 화씨는 아마도 슬그머니 꼬리를 내렸을 것입니다. 그러나 진짜 좋은 보배라는 확신이 있었기에 그는 끝까지 진실을 밝혀 냈습니다. 발목이 아닌 생명의 위험까지 감수하면서 말이지요.

여러분에게도 확신을 가지고 끝까지 밀어붙일 필살기가 있습니까? 여러분은 무엇으로 자신을 어필할 수 있습니까? 설령 두 발이 잘린다 해도 밀어붙일 아이디어나 기획안이 있습니까?

만약 현재 내세울 것이 없다면 지금부터 치열하게 준비해 보십시오. 목숨을 걸고 자신의 삶을 바칠 만한 것을 찾고 실력을 키우십시오. 그렇게 준비되는 것만으로도 여러분의 삶은 크게 달라질 것입니다.

제 5 장

왜 우선순위의 선택이 중요한가?

사자정무술이치인, 즉신수절력지사, 연유불상야.
使玆鄭無術以致人, 則身雖絶力至死, 輦猶不上也.
금신부지노고이연이상자, 유술이치인지고야.
今身不至勞苦而輦以上者, 有術以致人之故也.

만일 자정이 사람을 모으는 능력이 없었다면, 즉 을힘을 다해 수레를 밀어도 수레는 올라가지 못했을 것이다. 그런데 조금도 고생하지 않고 수레를 올라가게 할 수 있었던 것은 그에게 사람을 모으는 기술이 있었기 때문이다.

– 《한비자》〈외저설(外儲說) 우하〉편

"군주는 자기가 직접 불을 끄겠다고 물항아리를 들고
달려가서는 안 되고 많은 사람이 불을 끄도록
진두지휘하는 일을 해야 한다."

　　현재 자신이 서 있는 위치에 따라 해야 할 일이 달라집니다. 무조
건 열심히 하는 것이 아니라 무엇을, 어떻게, 왜 해야 하는지를 명확
히 인지할 수 있어야 합니다.
　　한비는 나라를 다스리는 군주에게 무조건 열심히 하지 말고, 자
신의 역할에 맞게 처신하라고 조언했습니다. 그런 군주가 다스리
는 나라는 강한 나라가 됩니다. 〈외저설(外儲說) 우하〉 편에 나오는
다음의 이야기로 이에 대해 자세히 살펴보겠습니다.

＊

　　관리자가 불을 끄려고 직접 물항아리를 들고 불이 난 곳으로 달려갔
다면 그는 한 사람 몫의 일밖에 하지 못한 셈이지만, 그가 채찍을 들고

사람들을 지휘했다면 많은 사람을 동시에 부린 것이다.

    불이 났으면 당장 물항아리를 들고 달려가는 것은 당연합니다. 잠시라도 지체하면 피해는 눈덩이처럼 불어날 것이 분명하죠. 그러나 나라의 군주가 직접 물항아리를 들고 불을 끄겠다고 달려들면 어떻게 되겠습니까? 군주 혼자 몸으로 불을 끈다고 화재가 진화되겠습니까?

    군주는 많은 사람이 불을 끄도록 채찍을 들고 일사불란하게 지휘하는 일을 해야 합니다. 그것이 군주 혼자 불을 끄는 것보다 더 효과적입니다. 리더에게는 전체적인 흐름을 파악해 적재적소에 인재를 배치하는 일이 무엇보다 중요하다는 이야기입니다.

    한비가 살았던 시대에는 본인이 직접 물항아리를 들고 불을 끄러 가겠다는 군주가 많았습니다. 백성을 사랑해서 한 행동이 오히려 독이 될 수 있었습니다. 왜 그랬을까요?

    군주가 자신에게 가장 중요한 것이 무엇인지 몰라서였습니다. 〈설림(說林) 상〉편의 다음 이야기를 보면 순간의 판단력이 얼마나 중요한지 알 수 있습니다.

＊

    노(魯)나라 목공(穆公)은 그의 많은 아들 가운데 누구는 진(晉)나라 조정을 섬기게 하고, 누구는 초나라 조정을 섬기게 함으로써 두 나라와 친분을 맺어 유사시에 도움을 받으려고 했다. 이에 신하 이서가 간언했다.

"아이가 물에 빠졌는데 저 먼 월(越)나라에 도와 달라고 청한다면, 월나라 사람이 제아무리 헤엄을 잘 친다 한들, 때에 맞추어 올 수 없지 않겠습니까? 그러므로 물에 빠진 아이는 죽고 말 것입니다. 만약 불이 나서 먼 나라에 도움을 청한다면, 그 나라에 바닷물이 아무리 많다 한들 여기까지 물을 길어다가 불을 끌 수가 있겠습니까? 먼 곳의 물로는 가까운 곳의 불을 끄지 못합니다.

지금 진나라와 초나라가 강국이긴 하지만 우리 노나라와는 너무 멀리 떨어져 있고, 이와 반대로 제나라는 바로 이웃에 있습니다. 그러니 만약 제나라가 침공해 오면 진과 초는 아무 도움도 되지 못할 것입니다."

노나라 왕은 자기 아들들을 여러 나라에 보내 그 나라들과 우호 관계를 맺으려고 했습니다. 유사시에 도움을 받으려는 속셈이었죠. 얼핏 보면 참 지혜로운 왕처럼 보입니다. 앞날을 대비해 미리 대책을 세운 것이니 말입니다.

그런데 그의 아들들이 간 나라들은 노나라와 거리가 너무 멀었습니다. 유사시에 전혀 도움을 받을 수 없는 위치였습니다. 한비는 그런 판단을 한 군주를 어리석다고 비판하며, 긴급한 것과 그렇지 않은 것을 구분할 줄 알아야 한다고 강조했습니다. 그런 의미에서 〈오두(五蠹)〉 편에 나오는 다음의 이야기는 참으로 의미심장합니다.

*

술지게미(술을 만들고 남은 찌꺼기)조차 배불리 먹지 못하는 자는 상등

품의 쌀이나 고기를 먹으려고 힘쓰지 않고, 갈옷(일복의 일종)조차 제대로 갖추지 못한 자는 무늬를 수놓은 옷을 기대하지 않는다. 세상을 다스릴 때, 시급한 일을 해결하지 못하고서 긴급하지 않은 것에 힘쓰면 안 된다.

모든 일에는 우선순위가 있습니다. 우선순위를 잘못 정해서 정말 중요하고 시급한 일을 처리하지 못하는 경우가 많습니다. 한비가 걱정한 것도 바로 그 점입니다. 군주는 정말 중요한 것이 무엇인지 모르면 불필요한 것에 관심을 가질 수밖에 없습니다. 군주의 권력 강화에 해가 되는 여덟 가지 이야기를 담은 〈팔설(八說)〉 편에도 비슷한 이야기가 나옵니다.

＊

자기 집에 우거짓국도 없는 사람이 굶는 사람에게 밥을 먹으라고 조언하는 것은 기아 대책이 될 수 없다. 군주가 자신은 농사를 지어 곡식을 생산하지도 못하면서 백성들에게 곡식을 빌려주거나 나눠 먹으라고 권하는 것은 백성을 부자로 만드는 일이 아니다.

요즘 학자들은 농업과 전투에는 아랑곳하지 않고, 있으나 마나 한 것에 매달려 공허한 성인 이야기만 하고 있으니 이것은 자신은 우거짓국을 먹고 있으면서 남에게는 밥을 먹으라는 것과 다를 것이 없다. 현명한 군주라면 그런 자들을 상대도 하지 않을 것이다.

한비는 자신이 해야 할 일은 하지 않으면서 남에게 이래라저래라 간섭하는 사람을 경계하라고 말합니다. 정말 중요한 일은 관심 밖이고 옛 성인들의 이야기를 들먹이며 군주에게 간언하는 신하들을 조심하라는 뜻입니다. 당시에 얼마나 많은 군주가 중요하지 않은 일에 신경 쓰며 살았는지 짐작할 수 있는 대목입니다.

당시 군주들만 그랬겠습니까? 지금도 그들과 비슷한 궤적을 그리며 살아가는 사람이 참 많습니다. 학생, 취업준비생, 직장인, 많은 리더들이 중요한 것보다 그렇지 않은 것에 에너지를 허비하며 살아가고 있습니다.

어떻게 하면 삶의 우선순위를 바로 세울 수 있을까요? 첫째, 자신의 정체성을 확립해야 합니다. 여러분은 지금 어느 자리에 서 있습니까? 무엇을 어떻게 결정하고 선택하며 해결해야 하는지 명확하게 알고 있습니까? 자신의 정체성이 정리되어야 무조건 물항아리를 들고 다급하게 뛰어가는 일은 하지 않을 것입니다.

둘째로, 가장 중요한 일을 하지 못하도록 방해하는 요소를 제거해야 합니다. 많은 사람이 하지 않아도 될 일에 시간을 빼앗기고 있습니다. 예를 들어, 어떤 일에 몰입하기 전 불필요한 루틴에 과도하게 시간을 씁니다. 그 대부분은 목표를 달성하는 데 큰 도움이 되지 않는 것들입니다.

일본 경영품질상을 받은 '주식회사 무사시노'의 고야마 노보루 사장은 다음과 같이 말했습니다.

"무엇보다, 해야 할 일보다 하지 말아야 할 일을 정해야 합니다.

능력이 없는 사람일수록 많은 것을 하려고 하지요. 가만히 있어도 힘이 달리는데, 여러 가지를 하니까 어디서도 최고가 될 수 없습니다. 최고가 되기 위해서는 먼저 하지 말아야 할 것을 정하고, 해야 할 일에 자기가 가진 모든 것을 쏟아부어야 합니다. 그러면 누구라도 어느 분야에서든 최고가 될 수 있습니다."

저도 인터넷 서핑으로 시간을 허비할 때가 많습니다. 글쓰기를 시작하기 전 습관적으로 인터넷 사이트를 넘나들며 검색을 합니다. 그러는 순간 쓰고 있는 글의 흐름을 놓쳐 낭패를 보는 경우가 많습니다. 불필요한 것을 하지 않아야 자신이 세운 목표를 이룰 수 있습니다.

여러분은 삶의 최종적인 목적이 무엇입니까? 그 목적에 도달하기 위해 오늘 시급하게 해결해야 할 것은 무엇입니까? 내일 해결해야 할 문제는 또 무엇입니까?

이 질문들에 명확하게 답을 내릴 수 있다면 불이 났을 때, 무작정 물항아리를 들고 뛰어가는 군주와 같은 실수를 하지 않을 것입니다. 오늘의 삶에서 무엇에 초점을 맞추어야 할지를 아는 것, 그것이 미래를 준비하는 지혜입니다.

제6장

악의 싹은 언제 어떻게 잘라 내나?

차위도난어기소이야, 위대자어기소세야.
此謂圖難於其所易也, 爲大者於其所細也.

이것이 이른바 노자의 "어려운 일을 처리하는 데는 그것이 쉬울 때 하고,
큰일을 도모할 때는 그것이 작을 때 한다"라는 의미이다.
―《한비자》〈논난(論難)〉편

"사람을 물에 빠뜨려 죽이려면
완전히 숨이 끊어질 때까지 손을 풀지 말아야 한다."

　한 분야의 전문가가 되어 승승장구하는 사람들이 있습니다. 그들은 누군가에게는 가슴을 뛰게 하는 롤 모델이 됩니다. 많은 사람이 성공한 사람을 따라 하며 자신도 그 자리에 서기를 기대하지만, 짧은 시간에 이를 이루기는 쉽지 않다는 것을 깨닫습니다.

　"로마는 하루아침에 이루어지지 않았다"라는 말이 있습니다. 중요한 일을 이루는 데는 오랜 시간과 노력이 필요하다는 의미로 자주 쓰이는 말이지요.

　여기서 로마는 기원전 753년에 세워진 고대 로마 제국을 말합니다. 당시 로마 제국은 에스파냐, 이탈리아, 스위스, 독일, 오스트리아 등등 현재의 유럽 말고도 중동 지역 대부분을 정복했습니다.

　그러나 로마가 처음부터 거대 제국이었던 것은 아니었습니다. 처음에는 이탈리아 서쪽의 작은 마을이 전부였습니다.

로마 제국이 망한 것도 하루아침의 일이 아닙니다. 패망의 원인들이 수년 동안 계속해서 나타났을 것입니다. 좋지 않은 징조를 무시하고 처방을 제대로 내리지 않았기에 로마 제국은 역사의 뒤안길로 사라졌습니다.

신하가 군주를, 자식이 부모를 해치는 사건 또한 어느 날 느닷없이 벌어지는 게 아닙니다. 오래전부터 다른 좋지 않은 사건들이 쌓이고 쌓인 결과로 나타날 뿐입니다. 흥망성쇠의 본질도 그와 같습니다. 〈외저설(外儲說) 우상〉 편의 이야기로 좀 더 자세히 살펴보겠습니다.

＊

자하(子夏)가 말했다.

"《춘추(春秋)》에는 신하가 군주를 죽이고, 자식이 아비를 죽였다는 이야기가 수십 가지가 나온다. 그러나 그것은 하루아침에 일어난 일이 아니라 쌓이고 쌓여 그렇게 된 것이다."

모든 간악한 행동은 제어하지 않고 오랫동안 방치하면 쌓이고 쌓여 큰일이 된다. 그 세력이 강해져 능히 군주나 아비를 죽이게 된다. 때문에 현명한 군주, 현명한 아비는 재빨리 이것을 발견해 세력이 강해지기 전에 제거해야 한다.

전상(田常)이라는 자가 반란을 일으켰는데, 이 또한 어느 날 갑자기 일어난 일이 아니다. 군주는 그 낌새를 알고도 전상을 벌하지 않았다.

안자(晏子)가 군주에게 위협적인 권세를 떨치는 신하를 벌하라고 하지 않고 오히려 은혜를 베풀라고 권했기 때문이었다. 그래서 간공(簡公)이 화를 입게 되었다.

그래서 자하는 이렇게 말했다.

"세력을 장악하고 있는 군주는 간악한 싹이 자라기 전에 재빨리 잘라 낸다."

전상이라는 자가 반란을 일으킬 수 있었던 것은 군주가 이를 알고도 벌하지 않았기 때문이었습니다. 하루아침에 일어난 것이 아닌, 서서히 준비된 반란이었는데도 군주는 그 싹을 일찌감치 제거하지 않았습니다. 그래서 큰 화가 되어 돌아온 것입니다.

간악한 싹은 자라기 전에 미리 잘라 버리고 징조가 보이면 재빠르게 대책을 세워 해결해야 합니다. 그래야 군주가 살고 나라를 지킬 수 있다고 한비는 충고했습니다.

〈내저설(內儲說) 하〉 편에서는 여공의 사례를 들어, 군주가 인정 때문에 위태로워질 수 있음을 이야기합니다.

＊

진(晉)나라 여공 때, 6경(卿)의 세력이 지나치게 강했다. 서동과 장어교가 군주에게 다음과 같이 간언했다.

"지금 대신들의 위세가 군주에 버금갈 정도로 무섭습니다. 그들은 앞다투어 외국의 힘을 빌려 붕당을 세우고 있습니다. 이처럼 대신들이 아래로는 국법을 어지럽히고 위로는 군주를 위협하고도 나라가 위태로워지지 않은 경우는 지금까지 없었습니다."

여공은 이 말을 옳게 여기고 6경 가운데 세 명의 대신을 죽였다. 그러자 장어교가 다시 간언했다.

"똑같은 죄를 범한 자들을 모조리 처벌하지 않고 일부만 벌하면 살아남은 자들은 원한을 품고 틈을 엿보아 보복할 것입니다."

진나라 여공이 말했다.

"과인은 단번에 대신 셋을 죽였는데 남은 사람들까지 모조리 죽인다는 것은 인정상 차마 할 수가 없구나."

장어교가 다시 대답했다.

"군주께서는 차마 모조리 죽일 수 없다고 하시지만, 살아남은 세 대신은 반드시 음모를 꾸며 군주를 해칠 것입니다."

여공은 이 간언을 듣지 않았다. 그로부터 석 달 뒤 세 대신은 반란을 일으켜 여공을 죽이고 그 땅을 나누어 가졌다.

인정 때문에 악의 싹을 제거하지 않은 결과는 비극으로 끝났습니다. 오나라 왕 합려와 오자서의 이야기를 보면, 그 메시지가 더욱 뚜렷이 나타납니다.

＊

오나라 왕 합려(闔閭)가 초나라를 쳤다. 세 번의 전투에서 모두 오나라가 승리했지만, 오나라의 정치가 오자서는 초나라 군사들을 한 명도 살려 두려 하지 않았다. 합려는 너무 잔혹하다고 생각해 오자서에게 그 이유를 물었다. 그러자 오자서가 이렇게 대답했다.

"사람을 물에 빠뜨려 죽이려면 완전히 숨이 끊어질 때까지 손을 풀지 말아야 합니다. 한두 번 졌다고 완전히 진 것이 아닙니다. 기세를 몰아 숨통을 완전히 끊어 놓아야 비로소 이겼다고 할 수 있습니다."

오자서는 적군이 다시 일어나 반격하지 못하도록 화근을 완전히 제거해야 한다는 뜻으로 이렇게 말했습니다. 그런데 합려의 아들 부차는 월왕 구천을 사로잡았지만 살려 주었습니다. 오자서는 죽여야 한다고 주장했지만 부차는 구천이 다시 일어서기 힘든 지경에 이르렀다고 생각하고 놓아 주었습니다.

결국, 구천은 와신상담(臥薪嘗膽)하며 힘을 키워 결국 부차를 죽음의 길로 몰아넣었습니다. 악의 싹을 제거하지 못한 결과입니다.

〈외저설(外儲說) 우상〉에는 이런 문제를 해결하기 위한 근본적인 방법이 제시되어 있으니 눈여겨보시기 바랍니다.

＊

몸에 좌저(座疽)라고 하는 악성 종기가 생겼을 때, 그것을 일부 내버려 두면 목숨을 잃을 수 있다. 그 종기를 통째로 없애려면 지독한 통증을 참아 내야 한다. 그 종기의 뿌리가 몸속 깊숙이 박혀 있으므로 골수까지 도려내지 않으면 치료할 수가 없다.

종기가 있다면 골수까지 도려내야 완전히 치료된다고 합니다. 골수를 제거할 때 생기는 지독한 통증을 견디지 못하면 종기의 화근은 사라지지 않습니다. 세상에서 가장 큰 통증은 골수를 건드릴 때의 통증이라고 합니다. 그래서 수술 중에서 골수이식 수술이 가장 많이 아프다고 합니다. 그 정도의 아픔을 감수하고서라도 간사한 싹을 잘라 내야 한다는 것이 한비의 주장입니다.

우리 삶에도 성장과 변화를 방해하는 요소가 많습니다. 그런 요소가 발견되었을 때 어떻게 해야 할까요? 나쁜 싹이 자라기 전에 그 근원을 뽑아내야 합니다. 그 과정이 힘들고 어렵다고 봐줘서는 곤란한 지경에 이르게 됩니다.

종기는 겉으로 드러난 상처에 불과합니다. 종기란 살 속에서 무수히 많은 나쁜 균들이 뿌리를 내려 자라고 있다는 증거입니다. 따라서 종기 같은 문제를 무시했다가는 큰 낭패를 당하기 쉽습니다.

여러분의 삶에서 나쁜 싹은 무엇입니까? 게으름, 미루기, 스마트폰 중독, 게임, 나태한 생각, 알코올 등등 사람들을 괴롭히고 방해하는 요소들이 있습니다. 그런 문제를 해결하지 않으면 삶의 성장과 변화는 있을 수 없습니다.

제 7 장

책과 말을 어떻게 대할 것인가?

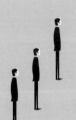

반석천리, 불가위부, 상인백만, 불가위강.
磐石千里, 不可謂富. 像人百萬, 不可謂强.

바위가 널려 있는 사방 천 리의 토지를 소유했다 해도 풍족하다고 말
할 수 없으며, 백만의 꼭두각시를 보유했다 해도 세력이 강하다고 볼
수 없다.
－《한비자》〈현학(顯學)〉 편

"지혜로운 사람은 말로써 가르치려 하지 않고,
책을 소중히 여기지 않는다."

미래를 알차게 준비하려고 배움의 현장을 찾아다니는 사람이 많습니다. 시간이 허락되면 무엇이든 배워 두려고 하는 것이지요. 이들은 "배워서 남 주느냐?"라고 합니다.

그런데 그중에는 늘 배우기만 하는 사람들이 있습니다. 지식을 쌓는 노력만 하지, 그 지식을 활용할 생각은 깊이 하지 않는 것 같습니다. 배움으로 얻은 지식은 그냥 지식일 뿐입니다. 머릿속에 있는 지식만으로 삶을 바꿀 수 없습니다.

다음의 〈유로(喩老)〉 편 이야기로 지식과 실천에 대해 깊이 성찰해 보겠습니다.

왕수(王壽)라는 학자가 책을 짊어지고 가다가 주(周)나라 땅에서 서풍(徐馮)을 만나 한 수 가르쳐 달라고 청했다. 서풍이 말했다.

"일이란 실행하는 것이고, 실행의 결과는 때에 따라서 나타나는데 그 상황은 항상 같지 않다. 한 사람이 같은 일을 해도 결과는 그때그때 다르다. 책은 옛사람의 말을 기록해 놓은 것이고, 말이란 그때그때의 인식에서 생겨난 것이다.

책에 쓰인 말은 그 시대를 겨냥하고 있을 뿐이다. 그래서 지혜로운 사람은 책을 소장하지 않는다. 그런데 그대는 어찌해서 그렇게 많은 책을 짊어지고 가는가?"

이 말을 들은 왕수는 갖고 있던 책을 모두 불살라 버리고는 어찌나 기뻤던지 덩실덩실 춤을 추었다. 지혜로운 사람은 말로써 가르치려 하지 않고, 책을 소중히 여기지 않는다. 책을 불사르고 말로 가르치지 않는 것을 세상 사람들은 그저 잘못된 일이라고 하지만, 왕수는 그렇지 않음을 깨닫고 바른길로 돌아와 그동안 배우지 않았던 것을 배웠다.

한비는 노자의 말을 빌려 책만 읽어서는 안 된다고 했습니다. 책은 과거의 것이므로 삶을 변화시키려면 과감히 책을 던져 버리고 현재 꼭 필요한 것들을 배워야 한다는 것입니다.

한비가 법치를 주장한 이유는, 법으로 다스려야 강한 나라가 되기 때문입니다. 시대에 따라 정치도 달라져야 하기 때문이기도 합니다. 시기와 상황에 맞는 배움을 강조한 것도 같은 이유였습니다.

하지만 당시 많은 학자들이 과거에 사로잡혀 있었습니다. 그래서 시대에 맞는 정치 방법을 활용하지 않았습니다. 한비는 그것을 다양한 이야기로 비판했습니다. 〈외저설(外儲說) 좌상〉 편의 이야기로 그 의미를 생각해 보겠습니다.

＊

송나라의 한 젊은이가 연장자 앞에서 술을 마시고 있었다. 그 젊은이는 연장자가 마시면 자기도 마셔야 하는 줄 알고 연장자를 따라 계속해서 술을 마셨다. 일설에 의하면, 심신을 수양하던 어떤 노나라 사람이 연장자가 술을 이기지 못하고 토하는 것을 보고는, 실례인 줄도 모르고 본인도 그를 흉내 내어 토했다고 한다. 송나라의 젊은이도 자신은 술을 잘 못 마시면서 연장자가 술을 남기지 않고 단숨에 마시는 것을 보고, 단숨에 다 마시느라고 무진 애를 썼다.

옛날 책에 이르기를 "벽옥을 쪼고 다듬으면 본래의 아름다운 옥이 된다"라고 했다. 양나라 사람으로 고서를 연구하는 자가 있었다. 그는 일거일동을 옛사람의 말에 의거해 행하고, 만사를 고서에서 빌려 인용했다. 그런데 그가 그 고서를 읽고 이렇게 말했다.

"지나치게 쪼고 다듬으면 본바탕마저 잃게 된다."

어떤 사람이 왜 그런지 묻자 이렇게 대답했다.

"옛날 책에 그렇게 쓰여 있소."

한비는 책에 쓰인 그대로 따라 한 부작용들을 열거했습니다. 현실과 동떨어져서 실천할 수 없는 것들을 지적하며 각성을 촉구했습니다. 책 속에만 파묻혀 현실을 제대로 바라보지 못한 군주를 비판하기도 했습니다.

〈외저설 좌상〉 편에 이어진 다음 이야기를 잘 살펴보십시오.

*

무릇 어린아이들이 함께 놀 때는 흙을 밥이라 하고, 구정물을 국이라 하며, 나무를 고기라 한다. 그러다가 날이 저물면 집에 돌아가 식사를 하는데, 흙과 구정물과 나무는 소꿉장난의 도구는 될지언정 실제로 음식이 될 수는 없다. 이와 마찬가지로, 세상 사람들은 요순 이래의 성인(聖人)에 의해 전해진 것을 '도(道)'라 하며 찬양하는데, 그 설이 아무리 교묘하다 해도 실제로는 아무 소용이 없다.

선왕(先王)의 업적을 아무리 찬양한들 국정을 바로잡지 못한다면 이 역시 소꿉장난에 불과할 뿐 진정 나라를 잘 다스린다고 할 수 없다.

한비는 신하와 군주가 책에서 읽은 것을 정치에 적용하고는 있지만 국정을 제대로 운영하지 못하는 현실을 아이들의 소꿉장난에 비유했습니다. 책이란 실제 삶에는 적용하기 어려운 이론에 불과할 뿐인데, 수많은 책을 수레로 끌고 다닌들 무슨 소용이 있겠느냐는 이야기입니다.

한비와 비슷한 주장을 펼치는 민족이 있습니다. 바로 세계무대를 주름잡고 있는 유대 민족입니다. 그들도 책에 있는 것을 있는 그대로 받아들이는 행태를 몹시 경계합니다. 《탈무드》에는 다음과 같은 글이 있습니다.

＊

　책을 아무리 많이 읽은들 그저 읽기만 해서는, 등에 책을 싣고 가는 당나귀나 다름없다. 당나귀가 아무리 많은 책을 등에 지고 있다 해도, 책은 당나귀에게 도움은커녕 짐만 될 뿐이다. 책을 읽는 것은 대답을 얻기 위해서가 아니라, 질문을 받고 그 질문에 대해 스스로 생각을 정리하기 위해서이다.

　한비는 학자나 신하들이 서책에 쓰인 내용을 이용해 군주를 현혹할까 봐 염려했습니다. 현실에 소용도 없는 공허한 말로 혼란을 부추길 수 있었기 때문입니다. 여기엔 당시 주류 사상인 유가 사상을 비판하려는 의도가 깔려 있습니다. 한비는 부국강병을 이루려면 유가 사상으로는 터무니없고, 오직 법가 사상으로 무장해야 가능하다고 보았습니다.

　도입부에서도 이야기했지만, 법가 사상의 근간을 이루는 것은 세(勢), 법(法), 술(術)인데, 〈오두(五蠹)〉 편에 그 세 가지가 집약적으로 나와 있습니다.

＊

　지금 나라 안의 모든 백성이 정치를 논하고 집집마다 상앙(商鞅)과 관중(管仲)의 책을 간직하고 있지만, 나라는 더욱더 가난해지고 있다. 이는 농사에 관해 말하는 자가 많지만, 쟁기를 잡는 자는 적기 때문이다. 나라 안의 모든 백성이 군사를 논하고 집집마다 손무(孫武)와 오기(吳起)의 병서를 비치하고 있는데도 병력은 점점 더 약해지고 있다. 이는 군사에 관해 말하는 자가 많지만, 갑옷을 입는 자는 적기 때문이다.

현명한 군주는 백성의 힘을 사용하더라도 그들의 말은 듣지 않으며, 공로에는 상을 주더라도 쓸모없는 행위를 금지한다. 그러면 백성은 사력을 다해 그 군주를 따르게 된다.

한비는 과거의 책에 빠져서 공허한 말만 던져서는 나라를 강하게 만들 수 없다고 했습니다. 농사에 관해 말하는 사람은 많으나 직접 농사를 짓는 자는 적기 때문에 나라가 가난한 것이고, 군사에 관해 말하는 사람은 많으나 갑옷을 입는 자가 적기 때문에 군사력이 점점 약해진다고 보았습니다.

군주는 상과 벌을 이용해 백성을 다스려야 한다고 한비는 주장했습니다. 잘하면 상을 주고 못하면 벌을 내리면서 백성을 이끌어야 질서가 잡히고 나라의 기강이 바로 선다는 것입니다. 백성들은 상벌이 명확한 군주를 따릅니다. 그리고 리더는 곧바로 현실에 적용할 수 있는 정책을 내놓고 실행에 힘써야 합니다.

지금은 4차 산업혁명 시대입니다. 인공지능의 발달로, 인터넷 검색만 잘하면 고급 정보들을 손쉽게 자신의 것으로 만들 수 있습니다. 하지만 정보를 확보하고 지식을 쌓는 것보다 더 중요한 것은 그것을 현실에 적용해 삶의 변화를 이끌어 내는 일입니다.

이를 위해서는 배운 것을 실천하는 것이 중요합니다. 그리고 정말 자신이 원하고 적성에 맞는 일이 무엇인지 찾아야 합니다. 자신이 잘하고 행복할 수 있는 일이 무엇인지 알 필요가 있습니다.

제8장

어떻게 사람의 겉과 속을 알아챌까?

태산불립호오, 고능성기고. 강해불택소조, 고능성기부.
太山不立好惡, 故能成其高. 江海不擇小助, 故能成其富.

큰 산은 흙과 돌의 좋고 나쁨을 가리지 않고 받아들이기 때문에 그토록
높이 솟아올라 있는 것이고, 바다는 작은 시냇물도 얼마든지 받아들이기
때문에 저토록 넉넉한 것이다.
− 《한비자》 〈대체(大體)〉 편

"어리석은 사람은 단순한 이치를 복잡하게 생각하고
융통성 없이 행동한다. 세상을 자기 기준에 맞추려 한다."

4차 산업혁명 시대 인재의 키워드는 창의성입니다. 창의적인 산물을 만들어 낼 수 있는 사람이 밝은 미래를 기대해 볼 수 있습니다. 창의적 인재의 핵심은 융합입니다. 인공지능도 융합의 산물입니다. 융합의 시대에는 열린 마음이 중요합니다. 고정관념에 사로잡혀서는 다른 분야와 섞이고 연결될 수 없습니다. 다른 사람의 생각과 행동을 유연하게 받아들이는 것이 융합의 출발점입니다.

인재뿐만이 아니라 나라를 다스리는 군주, 즉 리더도 열린 마음이 필요합니다. 자기 생각만 고집하다가는 조직은 물론이고, 자기 자신조차 발전적인 미래로 이끌어 갈 수 없습니다. 〈설림(說林) 하〉 편에는 그 의미를 생각해 볼 수 있는 재미있는 이야기가 나옵니다.

＊

전국 시대 유명한 사상가 양주에게 양포라는 아우가 있었다. 양포는 어느 날 친구를 만나러 집을 나섰다가 도중에 비를 맞아 옷이 흠뻑 젖었다. 게다가 흰옷에 흙탕물이 튀어 엉망이 되었다. 초라한 모습으로 친구 집에 도착한 양포가 말했다.

"이래 가지고는 방에도 들어갈 수 없네. 어서 옷 좀 빌려주게."

친구는 하인에게 명해 옷 한 벌을 가져다주라고 했다. 그런데 하필이면 하인이 검은 옷을 가지고 와서 양포는 할 수 없이 검은 옷을 입었다.

양포는 저녁 무렵 친구와 헤어져 집으로 돌아왔는데 그의 개가 주인을 알아보지 못하고 크게 짖어 댔다. 화가 난 양포가 개를 발로 차려고 하는 찰나, 마침 그 광경을 지켜본 형 양주가 웃으며 이렇게 말했다.

"내가 보기에는 네가 화낼 일이 아닌 것 같구나."

"화낼 일이 아니라니요? 아니, 자기 주인도 몰라보는 개가 있단 말입니까?"

"그 개하고 입장을 바꿔 생각해 보아라. 너라면 주인이 나갈 때 흰옷을 입었는데 들어올 때는 검은 옷을 입었다면 이상하게 여기지 않을 수 있겠느냐?"

이 이야기에서 양포지구(楊布之狗)라는 고사성어가 나왔습니다. 양포지구란 양포의 개라는 뜻으로, 나갈 때 희었는데 돌아올 때 검어졌다고 속까지 변한 것으로 잘못 이해하는 행태를 꼬집는 말입니다. 사람을 겉모습만 보고 판단하지 말라는 뜻이며, 나아가 자신의 기준으로 상대방을 바라보는 태도를 버리라는 메시지이기도 합니다.

군주와 신하의 행동뿐만 아니라, 모든 관계의 행위에는 나름의 이유와 동기가 있습니다. 그 행동의 이면에는 인간의 본능이 작용하기 마련이며, 그 본능을 나쁘게만 바라볼 것은 아닙니다.

사람은 자신도 모르게 자기 기준으로 상대를 바라보고, 자신의 관점으로 상대를 판단합니다. 자기가 정한 기준이 마치 정답인 것처럼 생각하며 살아갑니다. 자신이 생각한 대로 일이 진행되지 않으면 다른 사람을 탓하며 투덜대기 일쑤입니다. 크고 작은 조직에서 일어나는 갈등은 대부분 이런 형태를 띱니다. 하지만 그래 가지고는 일이 원만하게 처리되기가 어렵습니다.

세상에는 참으로 다양한 생각과 관점이 존재합니다. 자기 기준만 고집해서는 안 됩니다. 열린 마음으로 상대가 주장하는 바에도 귀를 기울이십시오.

하지만 그게 생각대로 잘 되지 않습니다. 다음의 〈외저설(外儲說) 좌상〉에는 자기 기준에 얽매여 어리석은 행동을 하는 이야기가 나옵니다. 이 이야기를 통해 융통성에 대해 깊이 생각해 봅시다.

※

정(鄭)나라 사람이 신발을 사려고 장에 갔다. 그런데 자기 발 치수를 재어 기록한 종이를 깜빡 잊고 가져오지 않았다. 그는 신발 장수에게 이렇게 말했다.

"신발 치수를 적어 둔 것을 집에 놓고 왔으니 돌아가서 가져오겠소."

그러고는 집으로 돌아가 종이를 들고 다시 장에 갔는데, 장은 이미 끝난 뒤였다. 안타까워하는 그의 사연을 듣고 어떤 사람이 말했다.

"집으로 갈 필요 없이 그 자리에서 신발을 신어 봤으면 됐을 것 아니오?"

그러자 그가 대답했다.

"치수를 적은 종이는 믿어도, 내 발을 믿을 수가 없었소."

신발을 사러 갔으면 그 자리에서 신어 보면 됩니다. 그런데 이 사람은 치수를 적은 종이를 굳이 가지러 집에 갔습니다. 얼마나 어리석은 행동입니까? 그런데 당시에는 그런 사람이 많았다는 겁니다.

군주가 나라가 잘되는 것에 집중해도 모자랄 판에, 선왕의 말에 따라 불필요한 계획을 세우는 일들이 많았습니다. 한비는 그런 군주를, 신발 치수가 적힌 종이를 가지러 집으로 가는 사람에 비유한 것입니다.

이 이야기를 통해 어떤 교훈을 얻을 수 있을까요? 어리석은 사람은 단순한 이치를 복잡하게 생각하고 융통성 없이 행동합니다. 괜한 틀에 얽매여 자기 고집대로 생각하고 움직입니다. 요컨대, 어리석음이란 세상을 자기 기준에 맞추려는 일종의 아집입니다.

세상에는 다양한 사고와 시각이 존재합니다. 획일적인 잣대와 기준으로 판단하고 결정할 수 없는 일이 너무나 많습니다. 정치뿐만 아니라 과학과 산업에서도 마찬가지입니다. 통합과 융합을 통해 새로운 이론이 태어나고 과학기술이 발전하고 있는 시대입니다. 첨단제품이라는 것도 다양한 사고를 인정하고 받아들이는 과정에서 재탄생된 산물입니다. 따라서 열린 마음으로 준비된 사람만이 4차 산업혁명 시대에 성과를 거둘 수 있습니다.

고정관념과 아집에서 벗어나려면 어떻게 하면 좋을까요?

이 역시 열린 마음으로 상대방의 말에 귀를 기울이는 노력이 필요합니다. 굳게 닫힌 마음에는 어떤 새로운 것도 비집고 들어갈 수 없습니다. 심지어 세 살 먹은 아이에게도 배울 것이 있습니다.

《논어》〈술이(述而)〉 편에는 "삼인행필유아사(三人行必有我師)"라는 말이 나옵니다. 세 사람이 길을 걸어가면, 그중에 반드시 스승으로 받들 만한 사람이 있다는 뜻입니다. 누구에게나 배울 점이 있습니다. 열린 마음으로 사람과 세상, 학문과 지식을 대하십시오. 기회는 열린 마음에서 찾아옵니다.

제 9 장
무리한 요구에 어떻게 반응할까?

안위재시비, 부재어강약. 존망재허실, 부재어중과.
安危在是非, 不在於强弱. 存亡在虛實, 不在於衆寡.

국가의 평안함과 위태로움은 옳고 그름을 구분하는 능력에 달렸지, 국력
이 강한지 약한지에 달리지 않았다. 국가의 존망은 국가의 실정이 알찬
지 허술한지에 달렸지, 국민의 수가 많고 적음에 달리지 않았다.
– 《한비자》 〈안위(安危)〉 편

"적을 이기려면 잠시라도 그를 도와주어야 하고,
사람을 얻으려면 그가 요구하는 것을 먼저 주어야 한다."

옳고 그름을 구분하는 것은 미래를 준비하는 데 있어서 매우 중요한 문제입니다. 눈앞에 닥친 일의 경중을 구분하고, 먼저 할 일과 나중 할 일을 구분하는 것도 마찬가지로 중요한 문제입니다. 누군가 제안하고 요구하는 것들이 자기 삶에 어떤 영향을 끼칠지 구별해 내는 능력도 필요합니다.

이처럼 인간관계 속에서 벌어지는 숱한 일들을 제대로 해석하지 못하면 어리석은 결정을 내리기가 쉽습니다. 누군가의 노림수에 당할 수도 있고, 바라는 일을 효과적으로 준비하지 못할 수도 있습니다.

〈설림(說林) 상〉 편에 나오는 다음 이야기를 잘 읽어 보십시오.

　진(晉)나라 지백(智伯)이 위(魏)나라의 선자(宣子)에게 땅을 달라고 요구했는데 선자는 내주지 않으려 했다. 그 신하인 임장(任章)이 물었다.

　"왜 땅을 주지 않으십니까?"

　선자가 대답했다.

　"이유 없이 땅을 달라고 요구했기에 주지 않으려는 것이오."

　임장이 말했다.

　"지백이 이유 없이 남의 땅을 요구하니 이웃 나라들이 그를 경계하게 될 것입니다. 만족할 줄 모르는 욕심 많은 지백을 천하의 모든 나라가 두려워하게 될 것입니다. 그러니 군주께서는 그에게 땅을 주십시오. 그러면 지백은 반드시 교만해져서 상대를 가볍게 볼 것이고, 이웃 나라들은 더욱 경계해 서로 친밀해질 것입니다. 서로 친밀해진 나라들이 힘을 합쳐 지백에 대항하면 적을 얕보는 지백의 운명은 길지 않을 것입니다.

　《주서(周書)》에서 말하기를, '장차 적을 이기려면 잠시라도 그를 반드시 도와주어야 한다. 사람을 얻고자 한다면 그가 요구하는 것을 반드시 먼저 주어야 한다'고 했습니다. 군주께서는 땅을 주어서 지백이 교만해지도록 하는 것이 좋습니다. 왜 천하 제국과 동맹해 지백을 무찌르려 하지 않고 단독으로 그의 표적이 되려고 하십니까? 이야말로 어리석기 짝이 없는 일입니다."

　선자는 이 말에 동의해 1만 가구가 사는 고을을 지백에게 내주었다. 이에 맛을 들인 지백은 이번에는 조나라에 땅을 요구했다. 조나라가 이 요구에 응하지 않자 지백은 크게 노해 군사를 이끌고 조나라 수도인 진양(晉陽)을 포위했다. 그러자 한나라와 위나라가 밖에서 지백에게 반기를 들고 노나라는 성 안에서 맞받아쳐서 지백은 멸망했다.

〈설림〉 편은 역사책에 기록된 이야기와 입으로 전해 내려오는 민간의 전설, 그리고 한비가 지어낸 우화들을 모아 엮은 책입니다. 한마디로 이야기 숲이지요. 그 수많은 일화들이 이야기하는 공통된 메시지는 "군주가 어떻게 나라를 다스려야 하는가?"라는 물음에 대한 답입니다.

그 첫 번째 답은 상대가 원하는 것을 선뜻 내주라는 것입니다. 왜냐하면 사람은 자신이 원하는 것을 얻게 되면 경계를 누그러뜨리고 옳고 그름을 판단하기가 어려워지기 때문입니다. 그 이유는 자기 자신에게 도취되어서일 수도 있고, 현실을 정확히 읽어 내지 못해서일 수도 있습니다. 어쨌든 무리한 요구를 하는 상대가 경계를 풀면, 그 상대를 쉽게 무너뜨릴 수 있습니다. 그것이 험난한 춘추전국 시대를 헤쳐 나가는 방법이었습니다.

현대 시대에도 이 논리는 여전히 통합니다. 뭔가를 얻고 싶으면, 일단 먼저 주라고 협상전문가들은 한목소리로 이야기합니다. 얻고 싶은 것에만 집중하면 오히려 얻지 못한다고 합니다. 한두 개쯤 주어도 크게 손해가 나지 않는다면, 주는 것을 아까워하지 말라고 조언합니다. 자신이 희생하고 내준 그것이 자신을 지키고 조직을 살릴 것이기 때문입니다.

자기 것을 내줌으로써 상대의 마음을 무너뜨려 원하는 것을 얻는 방법은 치열한 경쟁 시대를 살아가는 현명한 처세술입니다. 그런데 모두가 이런 마음으로 상대를 대한다면 우리 사회는 어떻게 될까요? 이런 개인과 조직의 미래는 희망적일까요?

그렇지 않을 것입니다. 당장 자신이 원하는 목표를 이룰지는 몰라도 그런 사회에서 사랑, 소망, 희망이라는 단어는 찾아보지 못할 수도 있습니다.

한비는 원하는 것을 얻으려면 먼저 주어야 한다고 말하지만, 이런 마음은 세상을 더 삭막하게 만들 수 있습니다. 오직 원하는 것을 챙기려는 속셈만으로 자기 것을 내주는 현상은 지양할 필요가 있습니다.

한비의 통치술은 4차 산업혁명 시대인 지금도 여전히 유효한 부분이 많지만, 비판적인 시각으로 해석하고 적용할 필요가 있습니다. 다음의 1925년 단재 신채호 선생님의 칼럼을 읽으며 그 의미를 깊이 생각해 보길 바랍니다.

*

우리 조선 사람은 매양 이해 이외에서 진리를 찾으려 하므로, 석가가 들어오면 조선의 석가가 되지 못하고 석가의 조선이 되며, 공자가 들어오면 조선의 공자가 되지 못하고 공자의 조선이 된다. 무슨 주의가 들어와도 조선의 주의가 되지 않고 주의의 조선이 되려 한다. 그리하여 도덕과 주의를 위하는 조선은 있고 조선을 위하는 도덕과 주의는 없다. 아! 이것이 조선의 특색이냐? 특색이라면 특색이나 노예의 특색이다.

나는 조선의 도덕과 조선의 주의를 위하여 곡하려 한다.

한비의 통치술을 어떻게 해석하고 받아들여야 현명한지 정리하는 데 신채호 선생님의 글이 도움이 되었길 바랍니다. 아무리 좋은 이념과 사상도 우리의 현실에 맞게 해석하는 것이 중요합니다. 옳고 그름을 구분하는 지혜와 능력은 바로 거기서 나옵니다. 옳고 그름을 구분하지 못하면 '조선의 주의'가 되지 못하고 '주의의 조선'이 될 수밖에 없습니다.

제10장

희망은 어디서 찾을 것인가?

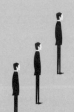

구협귀신부족거승, 좌우배향부족이전전. 연이시지, 우막대언.
龜筴鬼神不足舉勝, 左右背鄉不足以專戰. 然而恃之, 愚莫大焉.

거북점이나 시초점을 쳐서 좋은 점괘를 얻고 귀신의 가호가 있다고 해서
언제나 승리하는 것은 아니며, 좌우전후의 별자리가 길조였다 할지라도
전쟁을 치르기에는 충분치 않다. 그런데도 그런 미신에 의지한다면 그보
다 어리석은 것이 없다.
- 《한비자》〈식사(飾邪)〉편

"미신으로는 나라를 일으킬 수 없다. 법을 지키고
백성을 사랑하며 나라를 다스리는 것이 곧
부국강병이 되는 길이다."

한때 2030세대에서 '3포 세대'라는 말이 유행했습니다. 연애, 결혼, 출산을 포기한 세대라는 뜻입니다. 3포 세대를 넘어 5포, 7포 세대라는 말도 잇달아 유행했습니다. 연애, 결혼, 출산뿐만 아니라 인간관계, 내 집 마련, 희망, 꿈 같은 것은 젊은 세대에게 모두 사치라는 것입니다. 그런데 이제는 'N포 세대'라고 이야기합니다. 모든 것을 다 포기할 수밖에 없는 세상이 되었다는 뜻입니다.

희망이 사라지고 있습니다. 소망을 붙들고 노력하면 된다는 이야기가 더는 먹히지 않습니다. 젊은이들은 자신의 인생에 대해 스스로 계획하고 준비할 생각조차 하지 않으려고 합니다. "돈도 배경도 없으면 성공할 수 없어"라며 아무런 도전도 하지 않습니다. 운명론에 휩싸여 지레 체념하고 포기하는 젊은이가 많습니다.

개인뿐만 아니라, 나라의 군주도 이 같은 운명론에 빠질 수 있습니다. 한비는 그런 군주를 비판하는데, 〈식사(飾邪)〉 편에 나오는 다음 이야기를 통해 자세히 살펴보겠습니다.

✳

월(越)나라 왕 구천(句踐)은 신령스러운 거북의 점괘만을 믿고 오(吳)나라와 전쟁을 벌였다가 패했다. 그리고 오나라 왕 부차(夫差)를 섬기는 신하가 되었다. 구천은 훗날 월나라로 돌아와서는 거북점을 버리고 법을 밝히며 백성을 아끼는 왕이 되었다. 그리고 오나라에 보복하니, 이번에는 오나라의 부차가 월나라의 포로가 되었다.

'식사(飾邪)'란 사악함을 경계한다는 뜻입니다. '사악한 행위', 즉 나쁜 행위의 첫째는 미신을 믿는 행위입니다. 한비는 미신으로는 나라를 일으킬 수 없다고 강조했습니다. 법을 지키고 백성을 사랑하며 나라를 다스리는 것이 곧 부국강병이 되는 길이라고 주장했습니다. 당시 군주들은 점괘를 보고 나라를 통치했습니다. 이 또한 〈식사〉 편을 통해 살펴보겠습니다.

✳

거북의 등딱지를 불에 구워 그 갈라지는 금을 헤아려 매우 길하다는 점괘가 나오자 조(趙)나라는 연(燕)나라를 공격했다. 연나라도 거북의 등딱지를 불에 구워 그 갈라지는 금을 헤아려 매우 길하다는 징조가 나오자 조나라를 공격했다. (……) 이것은 조나라의 점괘가 신통한 것도, 연나라의 점괘가 사람을 속인 것도 아니다.

조나라는 또 일찍이 거북점을 치고 산(算)가지로 헤아려 본 뒤 북쪽으로 연나라를 징벌하고 협박해 진나라를 막아 보려 했는데 점을 치니 매우 길했다. (……) 조나라의 거북점이 비록 멀리 있는 연나라에 대해서는 알아내지 못했더라도 괜찮지만, 가까이 있는 진나라에 대해서는 미리 알았어야 한다.

진나라는 매우 길하다는 점괘를 이용해서 영토를 넓힌 만큼 실리도 얻고 연나라를 구원했다는 명망도 얻었다. 그러나 조나라는 매우 길하다는 점괘가 나왔지만 영토를 침략당하고 군대가 치욕을 당했으며, 군주는 뜻을 얻지 못해 죽게 되었다. 이 또한 진나라의 거북점은 신통하고 조나라의 거북점은 가짜이기 때문에 그렇다.

이 글에서 한비는 군주들이 미신을 믿는 행태를 조롱했습니다. 다음 글에서도 한비는 미신을 경계하라는 강력한 메시지를 전하고 있습니다.

＊

따라서 거북점과 산가지로 길흉을 점치고 귀신을 섬겨도 승리가 보장되는 것은 아니다. 하늘의 성좌들이 왼쪽에 있든 오른쪽에 있든, 뒤에 있든 앞에 정렬했든, 전쟁을 벌일 것인지 아닌지를 결정해 주는 것도 아니다. 그런 것에 의지한다는 것은 매우 어리석은 일이다.

나라를 다스리는 사람이 운명론에 사로잡히면 안 된다는 사실을 일깨워 주는 글입니다. 어디, 나라의 지도자뿐이겠습니까? 사회 현실이 아무리 비관적이라 해도 자신의 삶을 조금이라도 좋은 쪽으로 변화시키려는 노력을 멈추지 마십시오.

여러분 삶의 주인은 바로 여러분 자신입니다. 사회가, 나라가 당신의 삶을 책임져 주지 않습니다. 부모님, 멘토, 직장 상사는 조언해 줄 수 있을 뿐이며, 그중 어느 누구도 여러분의 삶을 대신 살아 줄 수는 없습니다. 여러분의 삶을 개척하고 미래를 설계하며 도전해 나갈 주체는 오직 여러분 자신뿐입니다.

N포 세대여도 누군가는 인생을 개척하며 살아갑니다. 보란 듯이 소망을 이루며 살아가는 사람들이 있습니다. 세상은 미리 정해진 필연적인 법칙에 따라 펼쳐지는 것이 아니라, 자신이 어떻게 개척하느냐에 따라 얼마든지 성공적인 삶을 살 수 있다고 믿는 사람들의 것입니다. 그런 이들의 모습은 열정이 넘치고 활력이 샘솟습니다.

사회 현실에 낙심하며 좌절하기보다는 희망을 품고 미래를 준비하는 쪽을 선택하십시오. 때로는 실패와 좌절을 경험할 수 있고 자신이 짠 각본대로 상황이 움직여지지 않을 수도 있지만, 후회는 없을 것입니다. 스스로 도전한 인생이기에 나름대로 의미와 보람을 느낄 것입니다.

그런 과정에서 경험이 쌓이고 더 나은 삶으로 도약하는 발판이 만들어질 것입니다. 성공보다는 실패에서 더 많은 경험이 쌓일 수 있습니다. 경험은 지혜로 바뀌어 똑같은 실수를 반복하지 않게 해

줍니다. 이것이 삶을 스스로 개척하며 나아가는 사람들이 겪게 되는 선순환 인생 궤적입니다.

여러분 자신에게 다음의 질문들을 던져 보십시오.

"나는 어디를 향해 가고 있으며, 무엇을 위해 가고 있는가?"

"내가 걷는 길의 주인은 누구인가? 나인가, 아니면 부모님이나 가족인가? 사회인가?"

"나는 어떤 인생을 살기를 원하는가? 마음속에서 갈망하는 인생은 어떤 것인가?"

이번에는 해답을 찾아보십시오. 답을 찾았다면, 그렇게 살아 보겠다는 의지가 필요합니다. '어떻게 되겠지' '누가 도와주겠지'라는 생각으로는 삶을 변화시킬 수 없습니다.

일레인 맥스웰(Elaine Maxwell)의 이야기는 우리가 어떻게 살아야 하는지에 대한 단서가 될 것입니다.

"내 의지가 내 미래를 형성한다. 내 성패는 그 어떤 사람이 아닌 나 자신의 사건이다. 나 자신이 바로 힘이므로 나는 내 앞의 어떤 장애도 없앨 수 있다. 그렇게 하지 않으면 나는 미로에 갇힐 것이다. 성공하든 실패하든 그것은 내 선택이자 내 책임이다. 내 운명의 열쇠는 오직 내 손에 있다."

그랜마 모제스(Grandma Moses)는 좀 더 강력하게 말합니다. "삶은 당신이 만드는 것이다. 이전에도 그랬고, 앞으로도 그럴 것이다."

이들의 말처럼 삶은 자기 자신이 만들어 가는 것이고 삶의 모든 결과는 자신의 선택이자 책임입니다.

"오늘 하루를 살며 스스로 선택하고 행동한 것은 무엇입니까?"

"오늘 하루 누구 때문에 공부하고, 일하고 있습니까?"

"혹시 자신의 삶이 불만족스럽다면, 그 이유는 무엇 때문이라고 생각합니까?"

이 질문들에 대해 답해 보시고, 자신을 정직하게 바라보십시오. 앞으로 어떻게 살아가야 할지 스스로 생각하고 인생 설계도를 그려 보십시오.

당신의 인생이 이미 정해진 틀 안에서 움직인다고 생각하십니까? 해보지도 않고 자신에게 한계를 그어 버리는 그런 생각을 멈추십시오. '노력한다고 얼마나 달라지겠어?'라며 체념하셨습니까? 그런 체념 따위 과감히 던져 버리고 인생을 개척하며 나가겠다는 선택을 하십시오.

하늘은 스스로 돕는 자를 돕고, 인생은 개척하는 사람의 것입니다. 여러분 삶의 주인은 혼란한 이 시대가 아닌, 바로 여러분 자신임을 기억하십시오.

제2부

세

勢

냉혹한 현실과 철저한 자기관리

제11장

자신과의 싸움에서 어떻게 이길 것인가?

고왈, 대기만성, 대음희성.
故曰, 大器晚成, 大音希聲.

노자가 말하기를, "큰 그릇은 늦게 이루어지며, 아주 큰 소리는 들을 수
없다."
- 《한비자》〈유로(喻老)〉편

"3년간 날갯짓하지 않은 것은 장차 큰 날갯짓을 하고자
함이요. 날지도, 울지도 않는 것은
장차 백성을 살피려는 것이다."

　　근래 '욜로' '소확행'이라는 말이 우리 사회를 사로잡았습니다. 욜로(YOLO: You Only Live Once)란 '한 번뿐인 인생 후회 없이 살자'라는 의미로 해석할 수 있습니다. 소확행은 '작지만 확실한 행복'이라는 뜻으로, 일상에서 누리는 소소한 즐거움을 이르는 말입니다. 불확실한 미래에 기대기보다 오늘의 삶에서 행복을 추구하겠다는 것입니다. 그 의도는 충분히 공감하지만, 오늘의 행복을 위해서는 내일에 대한 기대도 중요합니다. 미래에 대한 기대와 소망이 있어야 오늘을 충실히 살아갈 수 있기 때문입니다.

　　오늘을 충실하게 살든, 불안하고 불확실해도 내일을 기대하며 살든, 의미 있는 결과를 만들어 내려면 필수적인 덕목이 있습니다. 바로 자기 자신을 이겨 내야 한다는 것입니다. 어떤 목적과 목표를

세웠든지 그 관문에는 언제나 자기 자신과의 싸움이라는 난제가 버티고 있습니다.

조금이라도 변화가 일어나려면 자기 내면에서 욕구가 생겨야 합니다. 외부 영향으로는 일시적인 변화밖에는 끌어낼 수 없습니다. 자신이 왜 변해야 하는지 명확한 이유와 동기가 있어야 비로소 움직이기 때문입니다. 변화의 필요성을 스스로 느껴야 지속할 힘도 생깁니다.

우리 내면에는 변하려는 마음과 원래 상태를 유지하려는 마음이 끊임없이 갈등합니다. 일반적으로 승리하는 쪽은 원래 상태를 유지하려는 쪽입니다. 이처럼 승패는 자기 자신과의 싸움에서 좌우됩니다. 그렇다면 자기 자신을 이긴다는 것은 무엇일까요?

〈유로(喻老)〉편에 그 답이 될 만한 이야기가 있습니다.

＊

증자(曾子)가 자하(子夏)를 보고 물었다.

"그대는 왜 그렇게 살이 쪘는가?"

자하가 대답했다.

"전쟁에서 승리했기 때문에 살이 쪘소."

"그게 무슨 말이오?"

"나는 집 안에 앉아 책을 읽을 때는 선현의 도의(道義)를 흠모해 이를 영광으로 생각했습니다. 밖에 나와서는 부귀한 자의 환락을 보며 이 또한 동경했습니다. 그동안은 이 두 가지가 내 가슴속에서 싸우며 승패를 가리지 못한 것이 염려되어 핼쑥했던 것입니다. 그러나 이제는 선현의 도의가 승리해 정신이 확립되고 부를 동경하지 않게 되었으니 이렇게 살이 찐 것입니다."

이것으로 볼 때 뜻을 이루는 것은 타인이 아닌, 자기 자신을 이기는 데 있고 그래서 어려운 것이다. 노자가 "자기 자신을 이기는 것이 '강(强)'이다"라고 한 것은 그 때문이다.

자하는 책을 읽을 때 선현의 도의를 흠모했지만, 다른 한편으로는 부귀를 누리는 삶도 동경했습니다. 마음속에서 그 두 가지가 치열한 싸움을 벌였고, 결국 선현의 도의를 흠모하는 쪽이 최후 승리를 거두었습니다. 자하는 겉으로 드러난 환락보다 내면의 가치를 더 소중하게 여긴 것입니다. 그 과정이 얼마나 험난했던지 자하는 '전쟁'이라고 표현했지요.

우리도 그런 경험을 자주 합니다. 좀 더 나은 삶으로 비상하기 위해 노력하는 삶과 현재의 안락함에 안주하려는 마음이 쉴 새 없이 부딪치며 싸웁니다. 승자가 어느 쪽이냐에 따라 삶은 달라집니다. 자하의 경우, 승자는 부귀영화에 대한 탐심을 이겨 내고 선현의 도의를 품는 쪽이었습니다. 이렇게 자기 자신을 이기는 사람이 정말 강한 사람입니다.

자기 자신과의 싸움은 그리 쉽게 결판나지 않습니다. 그럼 어떻게 하면 좋을까요? 한비는 〈유로〉 편에서 그 비법을 다음과 같이 전합니다.

　　초(楚)나라 장왕(莊王)은 즉위한 지 3년이 되었는데도 아무 명령도 내리지 않고 정사도 돌보지 않았다. 어느 날 우사마(右司馬)라는 관리로 재직 중이던 한 신하가 장왕에게 수수께끼를 냈다.

　　"새 한 마리가 남쪽 언덕에 있는데 3년간 날지도 울지도 않을뿐더러, 날갯짓조차 하지 않으며 웅크리고만 있습니다. 이 새의 이름을 무엇이라고 하겠습니까?"

　　장왕이 말했다.

　　"3년간 날갯짓을 하지 않은 것은 장차 큰 날갯짓을 하고자 함이요. 날지도, 울지도 않는 것은 장차 백성을 살피려는 것이다. 지금은 비록 날지 않으나 한번 날면 반드시 하늘을 가를 것이며, 지금은 비록 울지 않으나 한번 울면 반드시 사람들을 놀라게 할 것이다. 그대는 걱정하지 마라. 과인은 그대의 말뜻을 잘 알고 있다."

　　장왕은 그 뒤 반년이 지나서야 정사를 돌보기 시작했는데 열 가지 법령을 폐지하고 아홉 가지 법령을 제정했다. 다섯 명의 무능한 대신을 벌하고 여섯 명의 숨은 인재를 등용했다. 또한 군사를 일으켜 제나라를 공격해 서주에서 격파하고 진나라와 싸워 승리한 뒤 제후들을 송나라로 불러 모아 마침내 천하의 패자가 되었다.

　　장왕은 섣불리 작은 선행을 행하지 않은 대신 힘을 축적해 크게 명성을 떨쳤다. 장왕이 큰 업적을 세울 수 있었던 것은 서둘러 자기의 재능을 나타내려 하지 않았기 때문이다.

장왕은 준비 없이 덤벼들지 않았습니다. 신하들을 관찰하고 법령을 따져 보는 데 무려 3년이라는 시간을 투자했습니다. 철저한 준비가 더 멀리, 더 높이 나는 발판이 되었던 것입니다.

자기 자신과의 싸움에서 승리하고 싶다면 장왕에게서 교훈을 얻으십시오. 섣부른 판단을 경계하고 어떤 선택이 올바른지 차분히, 면밀히 살피십시오. 무엇보다 자신이 어떤 사람인지, 무엇을 좋아하고 어떤 것에 가치를 두며 살고 있는지 알아야 합니다.

이해를 돕기 위해 인디언 체로키 부족은 어떻게 삶의 지혜를 대대로 전수했는지를 살펴보겠습니다. 체로키 부족은 할아버지가 손자들에게 삶의 지혜를 전수합니다.

어느 날, 체로키 부족의 할아버지가 손자를 무릎에 앉히고 말했습니다. "얘야, 모든 사람 안에는 늑대 두 마리가 치열하게 싸우고 있단다. 하나는 악한 늑대인데 분노와 질투, 용서하지 않는 마음, 교만, 후회, 분노, 열등, 거짓, 게으름으로 똘똘 뭉쳐 있어. 다른 하나는 착한 늑대로 사랑과 친절, 겸손과 절제, 희망과 용기로 가득해. 이 두 마리 늑대가 우리 안에서 끊임없이 싸우고 있단다."

할아버지 이야기를 듣고 있던 손자가 잠시 생각에 잠기다가 입을 열었습니다.

"할아버지, 그럼 어떤 늑대가 이겨요?"

할아버지가 빙긋 웃으며 말했습니다.

"그야, 네가 먹이를 주는 늑대가 이기지."

이 이야기에는 삶의 지혜가 녹아 있습니다. 내면에서 치열하게 싸우는 두 가지 마음 가운데 자신이 어떤 마음에게 먹이를 주느냐가 관건입니다. 자하는 선인들의 도의를 흠모하는 마음에 먹이를 주었습니다. 그리고 당연히 먹이를 준 쪽이 승리했지요.

여러분도 자신을 조용히 들여다보십시오. 자기 내면에 어떤 늑대들이 싸우고 있습니까? 여러분은 어떤 늑대에게 자주 먹이를 주고 있습니까? 영양가 있는 늑대에게 먹이를 주고 있지 않다면 전쟁을 치러서라도 그런 자신을 이겨 내십시오.

자신과의 싸움에서 승리하지 못하면 원하는 삶으로 항해할 수 없습니다. 플라톤도 같은 말을 했습니다. "인간 최대의 승리는 내가 나를 이기는 것이다."

이 말을 되새기며 이 혼란한 시대를 전진해 나가는 동력을 얻으시길 바랍니다.

제12장

어떻게 시대의 변화에 뒤처지지 않을까?

처다사지시, 용과사지기, 비지자지비야.
處多事之時, 用寡事之器, 非智者之備也.

일이 많고 번잡한 시대에 일이 적었던 시대의 수단을 쓴다는 것은 지혜로
운 자의 준비가 되지 못한다.
- 《한비자》〈팔설(八說)〉편

"'무데뽀'란 과거의 경험과 지식에 사로잡혀 변화에
무관심하고 무식하게 밀어붙인다는 뜻이다."

시쳇말로 '무데뽀'라는 말이 있지요. 대부분 무모하다는 의미로
사용하는데 그 어원을 살펴보면 느낌이 좀 다를 것입니다.

임진왜란 전후로 일본 기마부대에 '다케다 카쯔요리'라는 불패의
장군이 있었습니다. 그러던 어느 날 '오다 노부나가' 장군이 혜성처
럼 등장했습니다. 오다 장군은 조총, 일본말로 '데뽀'로 무장한 군
대를 이끌고 있었습니다.

어느 날 두 장군이 나가시노에서 결전을 벌였습니다. 다케다 장
군은 1만 5천 명의 기마부대를 이끌고 자신만만하게 전장에 도착
한 반면, 오다 장군은 3천 명의 조총부대를 세 줄로 배치해 결전에
돌입했습니다. 조총 없이, 즉 무데뽀로 돌격한 다케다 장군은 어떻
게 되었을까요?

전투는 여덟 시간 만에 조총부대의 승리로 끝났습니다. 도망가는 다케다 장군을 따르는 군사는 고작 여섯 명뿐이었습니다. 불패 신화에 도취돼 조총부대를 무시한 것이 참혹한 패배의 원인이었습니다.

이 전투 이후 '무데뽀'라는 말이 생겨났습니다. 대책 없이 막 나간다는 뜻으로 쓰이지만, 좀 더 정확히 말하면 과거의 경험과 지식에 사로잡혀 변화에 무관심하고 무식하게 밀어붙인다는 뜻입니다.

약 2천 3백 년 전에 한비도 같은 메시지를 전했습니다.

〈외저설(外儲說) 좌상〉 편의 다음 일화를 잘 읽어 보십시오.

＊

송(宋)나라 양공(襄公)이 탁곡 강가에서 초나라 군대와 전쟁을 벌였다. 송나라 군대는 이미 전열을 갖추고 있었지만, 초나라 군대는 아직 물을 건너지 못하고 있었다. 그러자 우사마(右司馬) 구강(購强)이 달려 나와 양공에게 이렇게 간언했다.

"초나라 군대는 많고 송나라 군대는 적습니다. 초나라 군대가 아직 강의 절반도 건너지 못했으니 적진을 정비하기 전에 서둘러 공격하면 반드시 이길 것입니다."

그러자 양공이 말했다.

"그리할 수 없다. 내가 들은 바에 의하면, 적어도 군자라면 이미 부상당한 자를 거듭 치지 않고, 백발노인을 포로로 잡지 않으며, 사람을 곤경에 빠뜨리지 않고, 상대방을 위험한 곳에 밀어붙이지 않으며, 진을 치지 못한 적을 공격해서는 안 된다. 지금 초나라가 아직 강을 건너지 않았는데 이들을 기습 공격한다는 것은 도의에 어긋나는 짓이다. 그러므로 나는 초나라 군대가 전부 강을 건너 전열을 갖춘 후에 북을 울려 공격할 것이다."

우사마가 말했다.

"왕께서는 송나라 백성을 아끼지 않고 자기 병사들의 안전을 생각하지 않으면서, 그저 도의만 생각하십니까?"

양공이 말했다.

"대오로 돌아가라. 그렇지 않으면 군법으로 다스리겠다."

우사마는 어쩔 수 없이 뒤로 물러섰다. 초나라 군대가 강을 다 건너고 전열을 가다듬자, 비로소 양공이 공격에 나섰다. 결국 송나라 군대는 크게 패했고, 양공은 다리에 부상을 입어 사흘 만에 죽었다.

이 이야기에서 '양공지인(襄公之仁)'이라는 고사성어가 나왔습니다. '양공의 쓸데없는 인정'이라는 뜻으로 부정적인 의미로 사용됩니다. 한비는 양공지인 이야기를 통해 시대가 다르면 대응책도 달라야 함을 말하고자 했습니다. 옛날과 지금은 여러 가지 상황이 다르므로 변화의 추이를 파악해 과거와는 다른 대책을 마련해야 한다는 뜻입니다.

양공이 살았던 시대는 하룻밤 자고 나면 나라의 주인이 바뀌는 급변의 시대였습니다. 그런 급박한 시대에, 심지어 전쟁을 치르는 상황에서 양공은 양보의 미덕을 발휘했습니다. 평화로운 시대에나 어울릴 법한 행동을 전쟁터에서 한 것입니다. 전쟁에서 이길 기회를 자기 발로 걷어차 버린 형국입니다. 그렇게 양공은 자신과 백성을 죽음으로 몰아넣었습니다.

변화무쌍한 시대에서 살아남으려면, 도의를 지키는 자애로운 군주가 아닌, 강력한 힘을 지닌 왕이 엄격한 규율로 나라를 다스려야 한다고 한비는 일관되게 주장합니다. 그래야 나라도 백성도 지킬 수 있다고 여겼습니다. 시대가 다르면 대응책도 달라야 합니다.

십 년이면 강산이 변한다고 했는데 지금은 하룻밤 만에도 세상이 달라질 수 있습니다. 지금의 호황과 권력은 그리 오래가지 않습니다. 불과 수년 후에는 직업의 47퍼센트가 없어질 것이라는 전망도 있습니다. 그런데도 과거에 사로잡혀 오늘을 살아간다면 희망적인 미래는 다가오지 않을 것입니다.

각주구검(刻舟求劍)이라는 말이 있습니다. 어리석고 미련해 융통성이 없다는 뜻으로, 변화나 세상 물정에 어두운 사람을 비유하는 말입니다.

초(楚)나라의 한 무사가 배를 타고 양쯔강을 건너던 중, 실수로 손에 들고 있던 칼을 강에 빠뜨리고 말았습니다. 당황한 무사는 재빨리 단검을 빼서 칼을 떨어뜨린 뱃머리에 표시해 두었습니다. 그러고는 배가 나루터에 닿자, 강물 속으로 들어가 자신이 표시해 놓은 자리에서 칼을 찾았습니다.

칼을 떨어뜨린 곳은 강 한가운데였는데 나루터에서 칼을 찾았다니, 얼마나 어리석은 짓입니까? 그 모습을 보고 사람들은 어리석고 융통성이 없다는 의미로 '각주구검'이라고 했습니다.

시대의 흐름과 변화를 깨닫지 못한 채 옛것에만 의지해서는 안 됩니다. 그것은 전쟁터에서 무데뽀로 돌진하는 무모한 태도와 같습니다. 옛것으로 삶의 기준을 삼는 것이 바로 무데뽀입니다. 옛것은 그저 참고 사례로 활용만 하고, 오늘의 판단은 오늘의 시각으로 접근하십시오.

많은 사람들이 참 열심히 살아갑니다. 더 나은 미래를 위해 시간을 투자하고 땀을 흘리지요. 그런데도 삶은 좀처럼 변화하지 않습니다. 왜 그럴까요? 사회 시스템이, 구조가, 빠르게 변화하는 시대가 변화를 가로막아서이기도 하지만, 한편으론 무데뽀 정신 때문일 수도 있습니다.

자신만의 데뽀를 찾지 않고 열심히 살아가기만 해서는 곤란합니다. "나 때는 말이야" "내가 왕년엔 말이야" 같이 과거의 시각으로 오늘을 바라보는 것은 대단히 위험한 일입니다.

어떻게 이기적인 사람을 상대해 이길까?

이지소재, 민귀지. 명지소창, 사사지.
利之所在, 民歸之. 名之所彰, 士死之.

이익이 있는 곳에는 백성이 모여들고, 명예가 있는 곳에는 선비들이 목숨
을 걸고 덤벼든다.
- 《한비자》 〈외저설(外儲說) 좌상〉 편

"수레 제작자는 많은 사람이 부자가 되기를 바라고,
장의사는 많은 사람이 죽기를 바란다. 수레 제작자는
인자하고 장의사는 잔인해서 그런 것이 아니다."

어떻게 해야 사람의 마음이 움직일까요? 사람은 자신에게 유익이 있어야 비로소 마음을 돌리고 행동에 돌입합니다. 아무 대가 없이 봉사하는 사람도 있지 않느냐는 항변도 있을 수 있지만, 봉사 이후 얻는 마음의 보람, 뿌듯함 역시 일종의 이익입니다. 이처럼 사람은 자신에게 이익이 주어지면 능동적으로 움직이는 이기적인 존재입니다.

한비도 사람을 이기적인 존재로 보았습니다. 그래서 모든 행위의 배경에는 이기적인 동기가 존재한다고 여겼지요. 사람은 자신을 희생해 남을 도우며 사는 존재가 아니라, 철저히 이해관계를 따지며 행동하는 존재라는 것입니다. 한비의 그런 관점은 책 전체에서 여러 번 반복적으로 나옵니다.

먼저, 〈외저설(外儲說) 좌상〉 편에 나오는 이야기부터 살펴보겠습니다.

*

오기(吳起)가 위(魏)나라의 장수가 되어 중산(中山)을 공격할 때, 그의 부하 가운데 종기를 앓는 자가 있었다. 오기는 무릎을 꿇고 앉아 직접 입을 대 종기의 고름을 빨아냈다. 그런데 그 부하의 어머니가 이 말을 듣고 대성통곡을 했다. 사람들은 의아해하며 그녀에게 물었다.

"장군이 당신의 아들을 사랑함이 그와 같은데 어찌하여 웁니까?"

그녀가 대답했다.

"지난날 오기 장군이 제 지아비의 종기를 입으로 빨아내 준 적이 있습니다. 제 지아비는 장군의 은혜에 감격해 죽음을 무릅쓰고 싸우다가 죽었습니다. 이제 제 아들도 장군을 위해 싸우다가 죽을 것입니다. 나는 그게 슬퍼서 우는 것입니다."

오기라는 장수가 부하의 종기를 입으로 빨아서 고름을 뱉어 낸 것은 부하를 사랑해서가 아니었습니다. 부하가 건강해야 전장에서 용맹스럽게 싸울 수 있기에 그랬다고 한비는 주장합니다. 오기의 태도는 철저히 이기적이었다는 것입니다.

한비는 〈설림(說林) 하〉 편에서 징그러운 뱀장어와 누에 예화를 들며 같은 주장을 이어갔습니다.

뱀장어는 뱀과 비슷하고 누에는 뽕나무벌레와 비슷하다. 사람들은 뱀을 보면 놀라고, 뽕나무벌레를 보면 소름이 돋는다. 그런데 어부는 뱀장어를 손으로 만지고 부녀자들은 누에를 친다. 이익이 되는 일이라면 누구나 두려움을 잊고 마치 맹분(孟賁)이나 전제(專諸)처럼 용감해지는 것이다.

사람들은 일반적으로 뱀장어와 누에를 징그러워하며 만지려고 하지 않습니다. 하지만 그것으로 이익을 취하는 사람들은 그것을 만지는 것이 아무렇지도 않습니다. 군사들도 전쟁터에 나가는 일은 매번 두렵습니다. 하지만 개인의 이익과 연결되면 죽음을 무릅쓰고 전쟁터에 나가 싸웁니다.

앞의 이야기에 나오는 맹분과 전제는 모두 고대 용사들입니다. 맹분은 쇠뿔을 맨손으로 뽑을 만큼 힘이 장사였고, 전제는 광(光)이라는 공자(公子)를 위해 혈혈단신으로 오나라 왕 요(僚)를 죽일 만큼 용맹했습니다. 그러나 한비는 전제가 혼자 몸으로 왕을 죽이러 간 것은 본인의 이익 때문이며, 일반 백성도 이와 다르지 않다고 생각했습니다. 〈비내(備內)〉 편에 나오는 다음 이야기들이 그렇습니다.

*

의원이 환자의 상처를 빨아 그 고름을 입에 담는 것은, 환자에 대해 부모형제와 같은 골육의 정이 있어서가 아니라 이익을 얻을 수 있어서이다.

수레를 만드는 사람은 많은 사람이 부자가 되기를 바라고, 관을 만
드는 장의사는 많은 사람이 죽기를 바란다. 수레 제작자는 인자하고 장
의사는 잔인해서 그런 게 아니다. 사람이 부유하지 않으면 수레가 팔리
지 않을 것이고, 사람이 죽지 않으면 관이 팔리지 않을 것이기에 그런
것이다. 장의사가 사람이 죽기를 바라는 것은 절대 사람을 미워해서가
아니라, 사람이 죽어야만 이득이 있어서이다.

비내(備內)란 적의 침입에 대비해 내부를 잘 지키고 보호하라는 말
입니다. 이때 내부란 군주가 거처하는 곳을 의미하며, 군주가 지키
고 보호해야 할 대상은 왕비와 태자, 그리고 군주의 측근들입니다.
간사한 신하들은 본인의 이익을 위해서라면 왕은 물론, 왕자와 왕
비까지 죽음으로 몰아넣을 수 있습니다.

그런 속마음을 한비는 수레를 만드는 사람과 장의사를 예로 들
어 이야기한 것입니다. 핵심은 사람은 이익을 추구하는 존재라는
것입니다. 〈간겁시신(姦劫弑臣)〉 편에서는 이 점을 더욱 강력한 어조
로 말합니다.

＊

편안하고 이로우면 그쪽으로 달려가고, 위험하고 해로우면 그쪽을
피하는 것이 사람의 본성이다.

사람은 이익에 따라 움직이는 존재이므로 나라를 통치할 때 그 점을 철저히 활용하라고 한비는 조언했습니다. 나라를 위해 일하면 상을 주어 이익이 되게 하고, 그렇지 않으면 벌을 주어 손해를 보도록 하라는 것입니다. 그러면 백성들은 이익을 얻기 위해 목숨까지 던집니다.

당시 사람들은 "인간은 이해관계에 따라 이기적으로 움직인다"라고 주장한 한비를 인정머리 없는 차가운 사람이라고 비난했습니다. 그러면서도 모두가 자기 이익에 따라 이기적으로 행동했습니다. 겉으로는 인과 덕을 내세우면서도 이기적인 마음이 가득했던 것입니다.

무릇 군주란 사람의 그런 특성을 이용할 줄 알아야 한다고 한비는 강조했습니다. 그래야 아무도 넘보지 못할 강한 나라가 된다면서요. 한비가 살던 시대는 피바람이 몰아치던 혼란의 시대였습니다. 그런 시대에 한비가 터득한 정치 철학은 지금 시대의 우리에게도 충분히 통합니다.

사람의 이기적인 특성을 활용하라니, 대체 어떻게 하라는 뜻일까요? 개인적으로 제 방법을 소개하겠습니다.

얼마 전, 제 강의를 들은 직장인이 장문의 문자로 고민을 털어놓았습니다. 도무지 책을 읽을 수가 없어서 고민이라는 내용이었습니다. 단 한 페이지도 집중해서 읽기 어렵고, 읽어도 무슨 내용인지 모르겠다고 하소연했습니다. 저는 그분에게 스스로 상과 벌을 주는 방법을 추천했는데, 바로 사람의 이기적인 특성을 이용하는 것이었습니다.

저는 그분에게 칼럼을 읽고 이해하는 독서법을 추천하면서, 칼럼 한 꼭지를 읽을 때마다 무슨 내용인지 스스로 질문하고 답해 보라고 했습니다. 내용을 파악하지 못했다면 자신이 좋아하는 것을 하지 않는 벌을 주라고 했습니다. 가령, 퇴근 후 조각 케이크에 따듯한 커피를 즐겼다면 그것을 하지 말라고요. 반대로, 내용 파악에 성공했다면, 보상을 주라고 했습니다.

많은 사람 앞에서 자신의 목표를 공개적으로 선언하며 그에 따른 상과 벌을 받겠다고 공표하는 것도 괜찮은 방법입니다. 공개적으로 선언하면 선포되는 말이 자신을 지배하기도 하고, 다른 사람의 이목이 신경 쓰이기도 해서 좀 더 목표에 집중할 수 있기 때문입니다. 그렇게 하나하나 성취해 나간다면, 어느새 바라는 목표에 도달하게 됩니다.

사람은 이기적인 존재라는 말을 듣고 '인간이 이렇게 형편없는 존재라니' 하며 비관론에 빠질 필요가 없습니다. 그것은 헛된 일입니다. 사람의 이기적인 특성에 직면하고 그것을 잘 활용하는 데 초점을 맞추십시오. 그것이 우리가 《한비자》를 통해 배워야 할 지혜입니다.

제14장

멈춰야 할 때 손해를 선택해야 할 때는?

노담유언왈, 지족불욕, 지지불태.
老聃有言曰, 知足不辱, 知止不殆.

노담이 말하기를 "만족할 줄 알면 수치를 당하지 않고, 멈출 줄 알면 위험한 일을 당하지 않는다."
-《한비자》〈육반(六反)〉편

"새 사냥이 끝나면 좋은 활도 감추어지기 마련.
결정적인 공을 세웠을 때, 성공에 가까웠을 때가
가장 위험한 때다."

불안해도 앞으로 나아가려는 의지가 어느 때보다도 필요한 시대입니다. 불안하다고 망설이고 주춤거리면 아무런 결실을 얻을 수 없을 뿐만 아니라, 오히려 퇴보할 것입니다. 부조리한 사회구조를 보고 의기소침해져서, 차라리 아무런 시도도 하지 않겠다는 사람들이 많지만, 지금 아무것도 시도하지 않으면 아무 일도 일어나지 않을 것입니다.

지금 당장 자신의 인생밭에 씨앗을 뿌리고 가꾸십시오. 그래야 열매를 기대할 수 있지 않겠습니까? 무조건 열심히 밭을 갈기만 해서는 곤란합니다. 햇볕이 내리쬘 때는 농작물이 광합성할 수 있도록 차분히 기다려야 합니다. 촉촉한 비가 내릴 때는 수분을 보충하도록 기다려 주어야 합니다. 자연 속에서 자라는 식물이든 인생에서 원하는 어떤 목표이든, 결실을 얻으려면 멈춰야 할 때와 전진해야 할 때를 구분하는 지혜가 필요합니다.

〈육반(六反)〉 편에 나오는 이야기로 그 의미를 살펴보겠습니다.

*

사람이 큰 죄를 범해 무거운 벌을 받는 것은 풍족한 물질이 원인일 수 있다. 군주는 백성들에게 풍족한 물질로 선심을 쓸지언정 형벌을 가볍게 하면 혼란을 피할 수 없을 것이다. 대체로 부잣집 자녀들을 보면, 물질을 쓰는 데 자유롭다. 물질을 쓰는 데 자유로우면 함부로 소비하고, 함부로 소비하다 보면 사치하게 된다. 그런 데도 자녀를 너무 귀여워하면 앞으로 자녀에게 엄하게 대할 수 없고 자녀는 제멋대로 행동하게 된다. 사치하면 가난해질 것이고, 제멋대로 행동하면 난폭해지기 마련이다.

춘추전국 시대의 시대상을 정확히 보여 주는 대목입니다. 욕심을 다스리지 못하면 멈춰야 할 때를 알지 못하고, 멈춰야 할 때를 모르면 재앙에 이르게 됩니다. 바둑 격언에 "성공하려면 승리를 탐하지 말라"라는 말이 있습니다.

여기서 승리를 탐한다는 것은 이미 충분히 좋은 상황인데도 더 욕심을 낸다는 의미입니다. 조금이라도 더 좋은 국면으로 이끌려고 욕심을 부리다가, 이미 얻은 좋은 국면까지 망치게 된다는 것입니다.

우리 삶에서도 이런 일은 비일비재합니다. 운동, 주식투자, 각종 비즈니스, 하다못해 게임에서도 조금이라도 더 좋은 결과, 더 많은 이익을 얻으려고 욕심을 부리다가 결국 좋은 형세를 망칠 때가 종종 있습니다.

흔히들 성공에 가까웠을 때가 가장 위험한 때라고 하지요. 형세가 가장 좋을 때가 잘못을 범할 확률이 가장 높다는 이야기입니다. 잘나갈 때 판단이 흐려져서 그렇습니다. 좋을 때 멈출 줄 아는 지혜가 필요한 것은 바로 그래서입니다. 일이 잘되고 원하는 목표에 이를 때 한 번쯤 당신의 삶을 살펴보십시오.

그런 의미에서 월나라의 범려(范蠡)는 현명한 선택을 한 지혜로운 인물이라고 할 수 있습니다. 월나라 구천이 지난날 부차에게 받은 굴욕을 갚기 위해 곰의 쓸개를 핥으며 복수의 날을 기다렸습니다. 무려 20년을 준비한 끝에 오나라를 굴복시키고 패왕이 되었습니다.

월나라가 오랜 기간 준비하고 마침내 오나라를 정복할 수 있었던 데는 문종과 범려의 공이 컸습니다. 구천은 전쟁이 끝난 후 범려를 상장군에 임명해 공을 치하합니다. 그런데 범려는 신하로서 최고의 권력을 거머쥘 수 있는 자리를 마다하고 월나라를 떠나기로 합니다.

범려가 떠나겠다고 하자 구천은 월나라의 절반이라도 떼어 주겠다며 그를 붙잡았습니다. 그러나 범려는 이를 뿌리치고 자기 몸만 추슬러 제나라로 떠나 버렸습니다. 당시 절세미인이던 서시(西施)를 데리고 말이지요. 범려는 제나라에서 성과 이름을 바꾸고 조용한 마을에서 농사를 지으며 서시와 평생을 평화롭게 살았습니다. 미녀를 아내로 얻고 목숨까지 건진, 참으로 현명하고 지혜로운 선택이었습니다.

범려는 월나라를 떠나기로 결정하며 지난날 자신과 함께한 문종에게 이런 편지를 보냈습니다.

"새 사냥이 끝나면 좋은 활도 감추어지기 마련이오. 구천은 어려움을 같이할 수 있지만 즐거움을 나누기는 어려운 인물이오. 그러니 나와 함께 월나라를 떠나는 것이 어떻겠소?"

문종은 범려의 충고를 듣고도 월나라를 떠나기를 주저하다가 구천에게 반역의 의심을 받고 말았습니다. 그리고 구천이 내린 칼로 자결하는 재앙을 당했지요. 최고의 자리에 오른 두 사람의 다른 선택과 다른 결과가 어떤지 주목해 보십시오.

《삼국지》에는 천하의 지략가 제갈량과 사마의의 여러 전투가 등장합니다. 특히 기산이라는 작은 지역에서 두 지략가가 맞대결을 벌인 장면은 《삼국지》의 백미로 꼽히지요. 촉나라 제갈량은 기산 깊숙이 위치한 서성(西城)에 군사 2천 5백 명만을 두고 있었습니다. 그런데 사마의가 15만 대군을 이끌고 서성으로 진격한다는 첩보가 들어왔습니다. 수적으로 볼 때 제갈량의 군대가 도저히 대적할 수 없는 상황이었습니다. 이때 제갈량의 지략이 빛을 발했습니다.

제갈량은 촉나라 군사 2천 5백 명을 성으로 들어오는 길 양편에 매복시켜 두었습니다. 그리고는 깃발을 모두 숨긴 뒤 성문을 활짝

열고는 문마다 일반 백성으로 변장한 20명의 병사를 배치했습니다. 그들에게 물을 뿌리고 길을 쓸게 하는 한편, 제갈량 자신은 머리에 두건을 두르고 흰옷을 입고는 두 어린아이와 함께 성 난간에 앉아 거문고를 탔습니다. 제갈량은 평소에 의심 많은 사마의의 성격상 이런 모습을 보면 그가 쉽사리 공격하지 못할 것이라고 판단한 것입니다.

사마의의 위나라 군대는 성 아래에 도착해 깜짝 놀랐습니다. 제갈량이 성문을 열어 놓은 채 망루에 앉아 거문고를 타고 있었기 때문입니다. 사마의는 성문으로 들어갈지 말지 고민에 빠졌습니다. 한참을 고민한 끝에 사마의는 후퇴 명령을 내렸습니다. 제갈량의 성격상 아무런 의미 없이 성문을 열어 놓지는 않았을 거라고 판단한 것입니다. 제갈량이 반드시 군사를 매복시켜 기습 공격을 감행할 것이라고 사마의는 결론을 내렸습니다. 제갈량과 사마의, 둘 다 서로의 의중을 정확하게 꿰뚫었습니다.

사마의가 퇴각 명령을 내린 것은 평소 형세를 판단할 때 명확한 기준이 있었기 때문입니다. 그는 사람을 볼 때 일관성이 있어야 한다고 생각했습니다. 그런데 제갈량의 행동에 뭔가 미심쩍은 부분이 있다고 판단되자 사마의는 일단 뒤로 물러섰습니다. 사람이 평소와 달리 이상한 행동을 할 때는 그 배후에 예상치 못한 비밀이 숨겨져 있는 법입니다.

어떤 사람은 이때가 기회라며 "돌격!"을 외칠 것입니다. 그러다가 적이 파 놓은 함정에 보기 좋게 빠질 수 있습니다. 사마의는 욕심을 부리지 않고, 자신이 평소 생각하는 판단 기준에 따라 행동했습니다. 안 그랬다면 제갈량이 매복시켜 둔 군사들에게 역공을 당할 수도 있었습니다.

"전쟁을 시작하는 것은 용기이고, 철수하는 것은 지혜이다"라는 말이 있습니다. 시작보다 철수가 더 어렵다는 이야기입니다. 멈춰야 할 때를 아는 지혜가 필요한 것도 그래서입니다. 〈유로(喩老)〉편의 손숙오의 이야기를 보며 다시 한번 선택의 문제를 생각해 보면 좋겠습니다.

＊

초(楚)나라 장왕(莊王)이 황하(黃河)와 형옹(衡雍) 사이에서 승리하고 돌아와 손숙오(孫叔敖)에게 상을 주겠다고 하자, 손숙오는 한수(漢水) 부근의 모래와 자갈이 있는 토지를 청했다.

그 당시 초나라 법은 신하에게 땅을 봉록(벼슬아치에게 연, 또는 계절 단위로 주는 봉급)으로 줄 때 두 세대가 지난 후에는 회수하도록 했는데, 오직 손숙오의 땅만큼은 대를 이어 회수되지 않고 개인의 소유로 남았다. 나라가 손숙오의 토지를 회수하지 않은 까닭은 그 땅이 척박했기 때문이다. 그래서 그의 자손은 9대에 이르기까지 그 땅을 점유하고 조상의 제사를 지낼 수 있었다.

손숙오는 당장 이익이 되는 땅을 뒤로하고 일부러 척박한 땅을 선택했습니다. 그것은 먼 미래를 내다보는 현명한 선택이었습니다.

더 넓고 기름진 땅을 가질 수도 있었지만, 그는 욕심을 부리지 않았습니다. 당시 사람들은 손숙오의 선택을 미련하다고 조롱했을지 모릅니다.

사마의가 후퇴 명령을 내렸을 때도, 15만 대군에 속했던 수많은 위나라 군사들이 그의 결정을 이해하지 못했을 것입니다. 범려가 가장 높은 위치에서 부와 명예를 누리며 살 수 있는데도 월나라를 떠났을 때 많은 사람이 비웃었을 것입니다. 하지만 결국 그들의 선택이 옳았습니다. 그들 모두 자신의 욕심을 절제할 줄 알았기에 멈춰야 할 때와 철수해야 할 때, 물러서야 할 때를 지혜롭게 선택한 것입니다.

멈춰야 할 때와 전진해야 할 때를 구별하기는 매우 어렵습니다. 바라는 일들이 조금만 잘 되면 더 좋은 위치를 선점하려고 달리는 말에 채찍을 가합니다. 물 들어올 때 노를 저어야 한다며 앞만 보고 달립니다. 그러다 보면 멈춰야 할 때 물러서야 할 때를 놓치기가 쉽습니다.

멈출 줄 알면 큰 위험은 당하지 않습니다. 이 말을 기억하며 여러분의 삶에서 어떤 것을 멈춰야 할지 점검하는 시간을 가져 보기를 바랍니다.

어떻게 자만의 늪에서 빠져나올까?

인주리법실인, 즉위어백이불망취.
人主離法失人, 則危於伯夷不妄取.

군주가 법을 떠나 남의 도움 없이 마음대로 한다고 하면, 마치 백이가 쓸
데없는 고집을 부리는 것과 같은 위험에 처하게 된다.
— 《한비자》〈수도(守道)〉 편

"옛 명의는 중병을 치료할 때 칼로 병자의 뼈를
찔렀으며, 옛 성인은 위태로운 나라를 구할 때 군주에게
귀에 거슬리는 간언을 서슴지 않았다."

4차 산업혁명 시대의 핵심 키워드는 융, 복합이며 협업입니다. 단일 이론과 단일 지식으로는 의미 있는 결과를 만들어 내기 힘든 시대가 되었습니다. 한 분야에서 나올 만한 이론이나 기술은 한계에 도달했고, 이제부터는 서로 다른 업무와 분야가 어우러져야 창의적인 산물이 나옵니다. 노벨상에서 공동수상자가 많아진 것도 이 같은 시대의 반영으로 볼 수 있습니다.

다른 분야와 협업하고 융합하려면 서로 마음이 맞아야 합니다. 함께할 수 있는 인재가 되어야 새로운 산물을 만들어 낼 수 있다는 뜻입니다. 자신의 잘남을 뽐내는 데 빠져 있으면 아무도 그 사람과 함께하려 하지 않을 것입니다.

한비가 살았던 시대도 다르지 않았습니다. 군주가 자만에 빠지

면 자신뿐만 아니라 나라까지 망치게 되므로, 한비는 이를 늘 경계해야 한다고 강조했습니다.

군주가 나라를 다스리면서 범하는 열 가지 잘못을 전하는 〈십과(十過)〉 편에는 군주의 자만과 관련된 덕목이 여러 개 실려 있습니다. 그중 군주가 충신의 의견을 듣지 않고 자만에 빠져 큰 화를 당하는 이야기가 나옵니다.

*

옛날 제나라 환공(桓公)은 제후들을 규합해 천하를 통일하고 춘추전국 시대 다섯 패자의 우두머리가 되었다. 그를 보좌하던 관중(管仲)이 나이가 들어 일을 볼 수 없게 되자 물러나 집에서 쉬고 있었다. 어느 날 환공이 관중을 찾아가 물었다.

"중부(仲父, 관중을 높여 부른 말), 그대에게 만약 불행한 일이 생겨 다시 일어나지 못할 경우, 짐은 누구에게 나라의 일을 부탁하면 좋겠소?"

관중이 대답했다.

"소신은 늙어 그다지 도움이 되지 못할 것입니다. 신이 들은 바에 의하면 '신하를 아는 데는 군주를 따를 자가 없고, 자식을 아는 데는 아비를 따를 자가 없다'고 합니다. 군주께서 결정하신 것을 말씀해 주시면 신이 소견을 말씀드리겠습니다."

환공이 물었다.

"포숙아는 어떻겠소?"

관중이 대답했다.

"안 됩니다. 포숙아는 강하고 고집이 세며 사납습니다. 강하면 백성을 난폭하게 다스리고, 고집이 세면 민심을 얻지 못하며, 사나우면 아랫사람의 협조를 이끌어 내기가 어렵습니다. 그러므로 포숙아는 패왕을 보좌할 인물이 못 됩니다."

환공이 물었다.

"수조는 어떠하오?"

관중이 대답했다.

"안 됩니다. 사람은 본성상 자기 몸을 소중히 여기기 마련입니다. 그런데 그가 모시던 군주가 질투심이 강하고 여색을 밝히자 수조는 스스로 거세해 후궁들을 관리했습니다. 자신의 몸을 아끼지 않는 자가 어찌 왕을 섬길 수 있겠습니까?"

(……)

환공이 말했다.

"그렇다면 누가 좋겠소?"

관중이 대답했다.

"습붕이면 좋습니다. 그는 안으로는 굳은 마음을 지녔고, 밖으로는 예의가 바르며 욕심이 적고 신의가 두텁습니다. 욕심이 적으니 백성을 다스릴 수 있고, 신의가 두터우니 이웃 나라들과 친교를 맺을 수 있습니다. 이것이 패왕을 보좌할 사람이 갖춰야 할 조건입니다. 왕께서는 그를 쓰십시오."

환공은 자신을 보좌하던 관중이 나이가 들자 그에게 그를 대신

할 인물을 추천해 달라고 청했습니다. 그러면서 자신이 평소 마음에 두었던 인물이 어떠냐고 물었는데 포숙아, 수조, 위나라 공자 개방, 역아까지 총 네 명을 들었습니다.

하지만 관중은 그중 패왕을 모실 만한 인물은 없다며, 패왕을 보좌할 인물로 습붕을 천거했습니다. 환공은 관중 앞에서는 그러겠다고 대답했지만 실제로는 습붕을 등용하지 않고 수조에게 자리를 내주었습니다.

그런데 환공이 유람을 떠난 사이 수조는 역아, 위나라 공자 개방과 함께 반란을 일으켜 환공을 몰아냈습니다. 환공은 결국 침궁(寢宮)에 갇혀 굶어 죽었습니다. 죽은 지 석 달이 지나도 시신을 거두어 주는 사람이 없어 시체에서 생긴 구더기가 문밖으로 기어 나올 정도였죠. 충신의 간언을 듣지 않고 자기 생각대로 일을 처리한 결과가 그랬습니다.

한비는 이 이야기를 통해 자만심을 경계했습니다. 더불어, 자만하지 않으려면 자신의 능력이나 지혜를 따르지 말고 법도를 따라야 한다고 조언했습니다. 〈유도(有度)〉 편의 다음 문장을 곱씹어 보길 권합니다.

＊

뛰어난 목수는 눈대중으로도 먹줄을 사용한 것처럼 맞출 수 있지만 반드시 자를 쓰는 것을 법도로 하며, 지혜가 뛰어난 사람은 자기 생각대로 실행해도 일을 사리에 맞게 처리할 수 있지만 반드시 선왕의 법을 표준으로 한다.

유도(有度)란 나라를 다스리는 데 법도가 있다는 말입니다. 한비는 군주의 능력보다 법을 기준으로 삼아야 국정 운영에 실패를 줄일 수 있다고 주장했습니다. 역사상 실패한 군주는 법도에 따라 다스리지 않고 자신의 지혜만을 믿고 행했던 사람들이었습니다. 옳은 선택이라고 생각한 것이 오히려 화를 불렀습니다.

수많은 사람이 자기 생각에 사로잡혀 다른 면을 보지 못합니다. 자신의 성취에 도취해 자만심에 빠질 때도 많습니다. 자만심에 사로잡히면 사리 판단이 흐려져서 어리석은 결정을 내릴 위험이 큽니다. 자만한 사람은 다른 이의 조언을 깊이 새겨듣지 않고, 충고라면 끔찍이 싫어합니다. 몸에 좋은 약은 쓴 법인데, 달콤한 말을 해주는 사람을 가까이 두려고 합니다.

한비는 〈안위(安危)〉 편을 통해 어떤 이야기에 귀를 기울여야 하는지 알려 줍니다.

*

들은 바에 의하면, 옛 명의 편작(扁鵲)은 중병을 치료할 때 칼로 병자의 뼈를 찔렀으며, 옛 성인은 위태로운 나라를 구할 때 군주에게 귀에 거슬리는 간언을 서슴지 않았다. 뼈를 찌르니 고통스러운 것은 말할 것도 없겠지만 그 고통으로 몸은 영구히 이익을 얻게 되며, 귀에 거슬리는 말은 당장에는 싫겠지만 이로써 나라는 영원한 행복을 누릴 수 있다.

그러니 중병에 걸린 사람의 이익은 수술의 고통을 참는 데 있고, 의지가 꿋꿋한 군주의 이익은 간언을 나라의 복으로 삼는 데 있다. 환자가 고통을 참아 주었기에 편작은 의술을 베풀 수 있었고, 왕이 귀에 거슬리는 직간을 물리치지 않았으므로 오자서는 소신껏 충언을 할 수 있었다. 이것이 곧 몸을 장수케 하고 나라를 평안케 하는 방법이다.

자만하면 판단력이 흐려지고 다른 사람의 조언에 귀를 기울이지 않게 됩니다. 그래서 자만한 사람은 협력과 융합의 방해꾼인 것입니다. 다른 사람의 충고나 쓴소리에도 열린 마음이 되어야 할 이유입니다.

여러분은 어떤 마음으로 주변 사람들을 대하고 있습니까? 쓴소리와 충고, 혹은 비판에도 귀를 열고 있습니까? 열린 마음으로 그 소리에 반응하며 더 나은 방향으로 전진하려고 합니까?

자만하지 않고 열린 마음으로 귀를 기울일 때 남들과 어우러지고 섞일 수 있습니다. 그때 비로소 융합과 협업이 가능해집니다.

어떻게 쓸데없는 일을 멀리할까?

약변기사, 즉공인회기문망기직, 이문해용야.
若辯其辭, 則恐人懷其文忘其直, 以文害用也.

만약 말을 꾸미면, 듣는 사람이 표현에만 주의를 기울이고 실질은 잊게
되어 문장의 쓰임을 해칠까 염려된다.
- 《한비자》〈외저설(外儲說) 좌상〉편

"군주가 딸을 시집보내면서 시녀들에게도
온갖 치장을 해서 보냈더니, 사위는 딸보다 시녀들에게
더 마음을 빼앗기고 말았다."

'본말전도(本末顚倒)'라는 말이 있습니다. 일의 본래 줄기를 잊어버리고 사소한 일에 얽매인다는 뜻입니다. 중요한 것은 놔두고 쓸데없는 일에 몰두하는 행태를 비꼬는 말이지요. 본질을 놓쳤다는 뜻으로도 사용됩니다. 본질을 놓치면 겉으로 드러난 현상에 집착하기가 쉽습니다. 〈외저설(外儲說) 좌상〉편의 다음 이야기를 곰곰이 곱씹어 봅시다.

*

초나라 사람이 정나라로 진주를 팔러 갔다. 목란(木蘭)으로 진주 상자를 만들고 계수나무와 초(椒)로 향기를 냈다. 상자 겉에는 주옥과 붉은 보석으로 장식하고 비취 깃도 달았다. 그런데 정나라 사람은 그 상자만 샀을 뿐 진주는 돌려주었다. 상자를 잘 팔았다고는 할 수 있지만 진주를 잘 팔았다고는 할 수 없다.

진주 장수는 진주를 값지게 보이려고 상자를 멋지게 치장했습니다. 상자에서 향기가 나도록 하고 심지어 보석으로 장식까지 했습니다. 그런데 고객은 상자 안의 보석에는 관심이 없고 화려하게 장식된 상자에만 눈이 팔렸습니다.

여기서 '매독환주(買櫝還珠)'라는 고사성어가 나왔습니다. 옥을 포장하는 나무상자만 사고 그 속의 옥은 돌려준다는 뜻입니다. 꾸밈에 현혹되어 정말 중요한 것을 놓치는 실수를 비유하는 말입니다.

한비는 군주가 정작 중요한 일보다 쓸데없는 것에 집착하면서 국정을 제대로 운영하지 못하는 행태를 비판했습니다. 당시 군주들은 학자들의 화려한 언변에 현혹되어 정작 중요한 것들을 놓칠 때가 많았습니다. 한비는 이와 비슷한 메시지를 여러 군데에서 반복했는데, 다음의 〈외저설 좌상〉 이야기도 같은 내용입니다.

＊

초나라 왕이 묵자의 제자인 전구(田鳩)에게 물었다.

"묵자는 학술로 세상에 널리 알려진 인물이다. 그의 품행은 단정하나 언설을 보면 장황하기만 할 뿐 능변이 아닌데 그 이유는 무엇인가?"

전구가 대답했다.

"옛날 진(秦)나라 군주가 자신의 딸을 다른 진(晉)나라 공자에게 시집을 보내면서 시녀 70명을 딸려 보냈습니다. 이때 시녀들에게 온갖 장식으로 치장해 주고 수놓은 옷까지 입혔습니다. 그러자 공자는 오히려 그 시녀들을 사랑하고 군주의 딸은 박대했습니다. 따라서 진(秦)의 군주는 시녀들을 좋은 곳으로 시집보낸 셈이 되었고, 자기 딸을 훌륭하게 시집 보냈다고는 할 수 없습니다."

딸을 시집보내는데 시녀들까지 치장해 줄 필요는 없었습니다. 진(秦)나라 군주가 딸을 시집보내면서 딸의 시녀들에게 비단옷을 입히고 온갖 장식으로 꾸며 주니, 사위가 딸보다 시녀들에게 더 마음을 빼앗기고 말았습니다. 한비는 이 이야기에서 대체 무슨 말을 하려는 걸까요?

묵자는 말하는 내용보다 그 내용을 전하는 형식이 더 요란한 사람이었습니다. 그런데도 많은 사람이 묵자의 메시지보다 말솜씨에 열광했습니다. 꾸밈에 눈이 멀어 중요한 것을 보지 못하고 있었다는 말입니다. 〈외저설 좌상〉에 나오는 예화 한 편을 더 살펴보겠습니다.

＊

아열(兒說)은 송나라 사람으로 변론에 뛰어났다. 그는 "백마는 말이 아니다"라고 주장하며 제나라 직하(稷下)에 모인 변론가들을 설득했다. 그런데 백마를 타고 국경의 관문을 지날 때, 아열은 마세(馬稅)를 요구하는 문지기를 평소의 변설로는 이길 수 없어 결국 돈을 내고 말았다.

허황된 말로 여러 학자들은 이길 수 있었지만, 실물을 두고는 문지기 한 명조차 속일 수 없었던 것이다.

아열은 달변으로 여러 학자들을 이겼지만 그의 말은 현실과 거리가 멀었습니다. 성문을 지키는 문지기 한 사람조차 설득하지 못할 정도로 그의 논리는 허술했습니다. 한비는 이 이야기를 통해 시대의 혼란을 틈타 그럴듯한 말로 군주를 홀리는 학자와 신하들을 비판했습니다.

그러면서 통치술의 대가답게 군주가 무엇을 보아야 할지를 강조했습니다. 즉, 군주는 신하의 속마음을 꿰뚫어 무엇이 진실인지를 바로 볼 수 있는 눈을 가져야 한다는 것입니다. 그래야 강하고 부유한 나라가 된다고 했습니다.

이 같은 메시지는 4차 산업혁명 시대인 지금도 유효합니다. 외모에 많은 공을 들이면서 본질을 놓치고 살아가는 사람이 얼마나 많은지 모릅니다.

본질을 본다는 것은 어떤 의미일까요? 그것은 자신의 존재 이유를 아는 것입니다. 자신이 왜 사는지, 그 근본적인 이유를 아는 것입니다. 열심히는 살지만 무엇을 위해 사는지 모르는 사람이, 안타깝지만 너무나도 많습니다.

하루하루 살기도 바쁜데 굳이 자기 존재 이유까지 알아야 할 이유는 무엇입니까? 도스토옙스키의 《카라마조프의 형제들》 초고에 나왔던 이야기가 그 답이 될 수 있을 것 같습니다.

*

인간 존재의 비밀은 그저 생존하는 것뿐만 아니라 (……) 무엇인가 확실한 것을 위해 사는 것이기 때문입니다. 자신이 무엇을 위해 사는지 확고하게 이해하지 못한다면, 자신의 삶을 수용할 수 없고 지구상에 살아남기보다는 오히려 자신을 파괴하게 될 것입니다.

소설에서 종교재판소장이 한 말입니다. 인간이 자신의 존재 목적에 대해 회의에 빠질 때 영혼에 어떤 무시무시한 일이 일어나는지를 이야기하고 있습니다. 자신의 존재 이유를 발견하지 못하면 자신을 함부로 대하며 자신을 파괴하게 된다고 합니다.

여러분도 그렇습니다. 자신이 이 세상에 존재하는 이유를 발견하지 못하면 화려한 스펙과 명예, 그리고 지위만 좇는 공허한 삶이 될 수 있습니다. 그럴듯해 보이는 그런 것들이 당신의 삶을 무너뜨리는 덫이 될 수도 있음을 기억하십시오. '매독환주'처럼 그저 자기 자신을 꾸미는 데 인생을 낭비할 수도 있습니다.

꾸밈에 현혹되지 않으려면 어떻게 해야 할까요? 인생의 궁극적인 목적을 찾아야 합니다. "무엇을 위해 살 것인가?"에 대한 답을 찾아야 합니다. 여러분은 지금 무엇을 위해 살고 있습니까?

어떻게 교묘한 속임수를 가려내나?

민인용지, 기신다앙. 주상용지, 기국위망.
民人用之, 其身多殃. 主上用之, 其國危亡.

지혜와 간교를 백성이 사용하면 그 몸에 많은 재앙이 있게 되고, 군주가
사용하면 그 나라는 위태롭고 망한다.
- 《한비자》〈양권(揚權)〉편

"말재주가 교묘하고 표정을 보기 좋게 꾸미는 사람 중에 어진 사람은 드물다."

다른 분야와 협력할 일이 많은 현대 사회에서 기회는 관계가 좋은 사람들에게 더 많이 돌아갑니다. 그러나 아무리 관계가 좋아도 자신의 목표를 달성하기 위해 남들을 이용하려 든다면 그 관계는 길게 가지 못할 것입니다. 참된 마음으로 우직하게 자신의 길을 걸어가야 좋은 관계를 지킬 수 있습니다.

교언영색(巧言令色)이라는 말이 있습니다. 교묘한 말과 아첨하는 얼굴빛으로 상대방의 마음을 얻으려 한다는 뜻이지요. 나아가 자신의 이익을 위해 교묘하게 꾸미는 행동을 일컫습니다. 이에 관해 〈설림(說林) 상〉 편 이야기로 좀 더 깊이 생각해 보겠습니다.

＊

위(魏)나라 장수 악양(樂羊)이 중산을 공격했다. 그러자 중산의 군주는 그곳에 사는 악양의 아들을 삶아 육즙을 만들어 악양에게 보냈다. 악양은 막사 안에 앉아 그 육즙을 모두 먹었다. 그 소식을 들은 위나라 군주 문후(文侯)가 도사찬(堵師贊)에게 말했다.

"악양은 나 때문에 자기 아들의 살점을 먹었소."

도사찬이 대답했다.

"자기 자식을 먹었으니, 또 누군들 먹지 못하겠습니까?"

악양이 중산을 멸망시키고 돌아오자 문후는 그에게 상을 내렸지만, 그를 믿지는 않았다.

노나라 대부 맹손(孟孫)이 어린 사슴을 사냥해 가신인 진서파(珍書巴)에게 들려 보냈다. 진서파가 사슴을 둘러메고 길을 가는데 사슴의 어미가 따라오면서 울부짖었다. 진서파는 가련한 마음이 들어 새끼를 어미에게 주었다. 맹손이 돌아와 사슴을 찾자 진서파가 대답했다.

"어린 사슴의 고통을 차마 견딜 수 없어서 사슴의 어미에게 내주었습니다."

맹손은 매우 노여워하며 진서파를 내쫓았다. 그런데 석 달 뒤 맹손은 다시 진서파를 불러 자식의 스승으로 삼았다. 맹손의 수레를 모는 자가 이를 의아하게 여기며 물었다.

"지난번에는 죄를 물으시더니, 오늘은 불러서 자식의 스승으로 삼는 것은 무엇 때문입니까?"

맹손이 말했다.

"어린 사슴의 고통도 참지 못했으니, 내 아들의 고통은 어찌 견디겠는가?"

이어서 다음과 같이 말했다.

"어린 사슴이 가련해 못 견딜 정도인데, 사람 자식은 얼마나 귀하게 여기겠는가? 그가 내 자식을 맡기기에 가장 적임자라고 생각한 이유는 바로 그것이다."

한비는 이 이야기를 통해 "교묘하게 속이는 것은 우직하고 참된 것만 못하다"라고 말했습니다. 악양은 공을 세웠지만 군주의 의심을 받았고, 진서파는 죄를 지었는데도 대부의 신임을 얻어 그 자녀를 맡아 가르치는 기회를 얻었습니다. 마음 밑바탕에 있는 의도가 얼마나 중요한지를 보여주는 대목입니다.

예나 지금이나 순간의 이익을 위해 말과 행동을 그럴듯하게 꾸미는 사람이 많습니다. 이들은 진실한 마음으로 목표를 향해 나아가기보다 순간순간 기회를 엿보며 살아갑니다. 더러 이런 사람을 가리켜 처세가 뛰어나다고 하지만, 달면 삼키고 쓰면 뱉는 그들에게선 진실함은 찾아보기가 어렵습니다. 행동의 기준이 오로지 자기 이익에만 있는 그들은 본인에게 이익이라면, 어떤 일도 서슴지 않습니다.

《논어》〈학이(學而)〉 편에는, "말재주가 교묘하고 표정을 보기 좋게 꾸미는 사람 중에 어진 사람은 드물다(巧言令色 鮮矣仁)"라는 말이 있습니다. 남에게 잘 보이려고 그럴듯하게 말을 꾸며 대고 알랑거리는 태도를 지닌 사람일수록 진실한 마음이 없다는 것입니다.

《논어》〈자로(子路)〉 편에는, "의지가 굳고 강직하며 뽐내지 않고 말에 신중한 사람이 인에 가깝다(剛毅木訥, 近仁)"라는 대목이 있습니다. 공자는 약삭빠르게 말재주를 앞세운 사람은 충실할 수 없다고 보고, 자로에게 다음과 같이 말하며 단단히 주의를 주었습니다.

"나는 말을 잘한다고 해서 그 사람을 믿지는 않는다. 왜냐하면 말솜씨만으로는 그가 진정으로 도를 실천하려는 사람인지, 겉만 번지르르한 사람인지 판단할 수 없기 때문이다. 우리는 정면으로 반대할 수 없는 논리로 장식된 악한 행위가 있음을 알아야 한다.

자신의 선을 위해 남을 망치게 하는 일도 그런 행위의 하나이다. 그런 행위를 하는 자는 언제나 훌륭한 논리를 구사한다. 그리고 나는 그런 논리를 교묘히 구사하는 혀를 지닌 자를 마음으로부터 증오한다."

교묘하게 속이는 행위는 길게 가지 못합니다. 속마음을 숨기고 그럴듯하게 꾸며도 언젠가는 진실이 드러납니다. 평생 감출 수 있을 거라고 생각하지만 결코 그렇지 않습니다. 감언이설로 쌓아 둔 것들은 한순간에 물거품으로 변할 것입니다.

교묘한 속임수에 당하지 않으려면 마음 중심이 바르고 단단해야 합니다. 《대학(大學)》에는, "마음이 거기에 있지 않으면 보아도 보이지 않으며, 들어도 들리지 않으며, 먹어도 그 맛을 모를 것이다(心不在焉, 親而不見, 聽而不聞, 食而不知其味)"라는 구절이 있습니다. 마음이 바르지 않으면 제대로 보고 들을 수 없을 뿐만 아니라, 심지어 맛도 제대로 모를 것입니다. 마음 중심이 바르지 않으면 삶의 모든 것들이 흐트러지기 때문입니다.

한번 생각해 보십시오. 먹어도 참맛을 모르는 삶, 들어도 무슨 소리인지 모르는 삶, 보아도 참과 거짓을 구분하지 못하는 삶은 어떨까요? 끔찍하지 않겠습니까? 그런데 이 모든 것이 마음에서 비롯된다는 겁니다. 마음이 참되지 않으면 헛된 일에 시간만 낭비하게 될 것입니다.

"정심(正心), 정사(正思), 정도(正道), 정행(正行)."

이것은 제가 삶의 지침으로 여기는 글귀입니다. 잠시라도 한눈을 팔면 좋지 않은 생각과 마음 상태로 살아가는 저를 발견하고 그렇게 적어 보았습니다. 오늘 하루 동안 바른 마음 바탕에서 바르게 생각하고, 바른길을, 바르게 걸어가려고 말이지요. 이를 실천하기 위한 덕목도 다음과 같이 만들어 보았습니다.

- 삶의 본을 보이고, 정직하고 성실할 것입니다
- 의문은 탐구하고, 표정은 따뜻하게 할 것입니다.
- 감정에 미혹되지 않으며, 사랑하며 나누는 삶을 살 것입니다.
- 무엇보다 이 모든 일을 이루어 갈 때 하나님의 의를 잊지 않기 위해 힘쓸 것입니다.

이처럼 네 가지 지침과 각 지침에 대한 실천 덕목을 마련해도 바람직한 삶을 살아 내기란 쉬운 일이 아닙니다. 그래서 이를 더욱 마음에 새기며 오늘을 살아가려고 합니다. 그래야 나 자신에게 부끄럽지 않고 다른 누군가의 삶에 작은 파장이라도 일으킬 수 있지 않겠습니까?

가만히 자신의 삶을 살펴보십시오. 누군가에게 인정받고 잘 보이려고 안달하지 않습니까? 자신이 추구하는 목표를 위해서라면 수단과 방법을 가리지 않는 것은 아닙니까? 조금 손해를 보더라도 정도를 걷고 있습니까?

오늘 선택한 사소한 것들이 훗날의 삶을 완성하는 퍼즐이 됩니다. 하나의 퍼즐이라도 간교하게 사용하면 재앙이 뒤따른다는 사실을 기억하기 바랍니다.

제18장

왜 리더가 상벌의 권한을 쥐어야 하나?

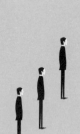

금영왕양, 조부공거, 인조일변비이입문려,
今令王良, 造父共車, 人操一邊彎而入門閭,
가필패이도부지야.
駕必敗而道不至也.

왕양과 조부가 같은 마차를 타고 각자가 고삐의 한쪽을 잡고 말을 부리
며 달린다면 결국 마차는 목적지에 도착하지 못할 것이다.
— 《한비자》〈외저설(外儲說) 우하〉 편

"전성자가 신하와 백성들에게 벼슬과 재물을
베푸는 동안, 군주는 무거운 세금을 거둬들였다.
백성들은 당연히 군주가 아니라 전성자를 따랐다."

사극을 보면 왕의 도장, 즉 옥새(玉璽)와 관련된 이야기가 자주
나옵니다. 옥새를 차지하려는 음모와 싸움, 손에 땀을 쥐게 하는
계략들이 시청자의 눈과 귀를 사로잡습니다.

군주에게도 왕의 도장 같은 것이 있다고 한비는 주장했습니다.
무슨 말인지 〈이병(二炳)〉 편에 나오는 이야기로 살펴보겠습니다.

*

무릇 호랑이가 개를 복종시킬 수 있는 까닭은 날카로운 이빨을 지녔
기 때문이다. 만일 호랑이에게서 발톱과 이빨을 뽑아 개에게 붙여 주
면, 호랑이가 도리어 개에게 복종할 것이다. 군주는 형(刑)과 덕(德)으로
신하를 통제하는 자이다. 그런데 군주가 형과 덕을 신하에게 내준다면,

군주는 도리어 신하의 통제를 받게 될 것이다.

호랑이의 이빨과 발톱은 군주에게는 형(刑)과 덕(德)입니다. 즉, 상과 벌의 권한을 군주가 쥐어야 하며, 상과 벌은 곧 옥새와 같다고 한비는 주장합니다. 군주가 상과 벌의 권한을 잃어버리는 순간, 이빨 빠진 호랑이 신세가 되어 결국 신하에 의해 제어당하고 말 것입니다. 한비는 다음의 이야기를 통해 그 주장을 이어갔습니다.

*

옛날 제나라에 전상(田常)이라는 신하가 있었는데, 임금인 간공(簡公)에게 청해 자기 뜻대로 작위와 봉록을 신하들에게 나누어 주었다. 전상은 곡물을 꾸어 줄 때는 큰 말로 퍼주고, 거두어들일 때는 작은 말로 되받는 식으로 백성들에게 은혜를 베풀었다. 결국 전상이 권한을 잡게 되었고 임금인 간공은 덕을 잃고 끝내 시해당했다.

송나라의 대부 자한(子罕)이 군주에게 말했다. "사람들에게 상을 주고 높은 지위를 주는 것은 아랫사람 모두가 좋아하는 일이므로 군주께서 직접 하십시오. 사람을 죽이는 형벌은 백성들이 미워하는 일이므로 신이 담당하겠습니다."

이리하여 송나라 왕은 형벌을 내리는 힘을 상실하고 자한이 대신 행사하게 되었다. 결국 송나라 왕은 자한에게 위협을 받았고, 정권은 자한의 손으로 넘어갔다.

왕 간공은 단지 덕을 행할 권한만을 신하 전상에게 넘겨주었는데도 그에게 죽임을 당했습니다. 송나라 왕은 신하 자한에게 형벌의 권한만을 행사하도록 했는데도 그에게 정권을 빼앗겼습니다. 군주가 형과 덕의 권한 중 하나만 소홀히 해도 결과는 같았습니다.

백성들이 상과 벌의 권한을 가진 사람을 따르는 것은 당연합니다. 사람은 이익에 의해 움직이는 존재이기에 그렇습니다. 사람의 이익을 제어할 수 있는 것이 법입니다. 그러니 법대로 다스리면 사람들이 법 집행자를 따르는 것은 당연한 이치입니다. 법대로 나라를 다스리려면, 군주는 형과 덕 두 개의 칼자루를 제대로 쥐고 있어야 한다고 한비는 주장하고 있는 것입니다.

〈외저설(外儲說) 우상〉 편에도 비슷한 이야기가 나옵니다.

*

제나라 경공은 안자(晏子)를 데리고 소해(小海)를 유람하다가 백침(柏寢)이라는 누각에 올라 자신의 나라를 둘러보며 말했다.

"아름답도다. 유유히 흐르는 강물과 당당하게 솟은 산. 장차 누가 이 나라를 갖게 될 것인가?"

뜻밖에도 안자는 이렇게 말했다.

"아마도 전성자(田成子)일 것입니다."

"과인이 지금 이 나라를 소유하고 있는데 전성자가 가질 것이라니 대체 무슨 말을 하는 건가?"

안자가 대답했다.

"전성자는 제나라 백성의 마음을 얻었습니다. 그는 평소 군주에게 작록을 청해 대신들에게 주었고, 백성들에게 은밀히 말과 되의 크기를 더해 곡식을 빌려주고는 거둘 때는 작은 말과 되를 사용했습니다.

소 한 마리를 잡으면, 본인은 한 쟁반의 고기만 취하고 나머지는 아랫사람들에게 나눠 먹도록 했습니다. 연말에 받은 마와 비단 또한 자기 몫으로는 몇 자만 떼어 놓고 나머지는 전부 아랫사람들에게 나눠 주고 있습니다.

군주는 무거운 세금을 걷고 있는데 전성자는 은혜를 베풀고 있습니다. 그래서 전성자가 이 나라를 가지게 될 것이라고 한 것입니다."

전성자가 신하와 백성들에게 벼슬과 재물을 베푸는 동안, 군주는 무거운 세금을 거둬들였습니다. 백성들은 당연히 군주가 아니라 전성자를 따랐습니다. 안자의 말을 들은 경공은 대책이 무엇이냐고 물었습니다. 안자는 "복잡한 일도 공께서 직접 다스리고 형벌을 가볍게 하고 가난한 자를 구제하며 은혜를 베푸십시오"라고 조언했습니다. 하지만 이미 전성자에게로 돌아선 백성들의 마음을 되돌릴 수는 없었습니다.

군주는 두 개의 칼자루를 쥐고 있어야 한다고 한비가 강조한 것은 그 때문입니다. 왕이 정신을 차리지 않고 신하에게 칼자루를 넘겨주는 순간 게임은 끝납니다. 칼자루를 쥐고 있는 사람이 패권을 가지는 것은 당연합니다.

우리 삶도 마찬가지여서, 자기 삶의 칼자루를 누가 쥐고 있느냐가 중요합니다. 여러분의 인생을 결정하고 의결하는 사람은 누구입니까? 여러분 자신입니까, 아니면 부모님이나 사회입니까?

일이 제대로 풀릴 때는 삶의 칼자루를 누가 쥐고 있는지 큰 문제가 되지 않습니다. 그런데 다른 사람이 여러분 삶의 칼자루를 쥐고 있는데 여러분 인생에 문제가 생긴다면, 그것은 심각한 문제입니다. 왜냐하면 여러분은 그 사람 탓을 할 것이기 때문입니다.

"엄마 때문에, 아빠 때문에, 부장님 때문에, 사장님 때문에"라며 남 핑계를 대고, 자기 자신은 아무 잘못이 없다고 생각할 것입니다. 문제를 제대로 인식하지 못하면 해결책도 찾기가 어렵습니다.

삶의 칼자루를 자기 자신이 쥐고 있는 사람은 쓰러지고 넘어져도 훌훌 털고 다시 일어섭니다. 핑계가 아니라 해법을 찾습니다. 오뚝이처럼 일어나 문제를 해결하며 앞으로 나아갑니다.

여러분 삶의 칼자루는 누가 쥐고 있습니까? 삶의 칼자루를 쥐고 있는 자가 패권을 차지한다는 사실을 기억하십시오.

제19장

어떻게 개혁에 성공할 것인가?

불부 적국사이모선왕, 개귀취도자야.

不不 適國事而謀先王, 皆歸取度者也.

국정에 적합한 조치가 아닌데도 선왕의 말씀이라고 하여 그대로 따르는 것은, 마치 신발을 사러 장에 갔다가 발의 치수를 적어 놓은 종이를 두고 왔다며 집으로 돌아가는 일과 같다.

－《한비자》〈외저설(外儲說) 좌상〉 편

"민심이 동요하는 것을 두려워해 많은 사람의 인망을
얻을 일만 주로 해 나가는 것은 간악한 행위가 성행할
단서를 주는 것과 같다."

마음과 달리 일이 좀처럼 진척되지 않을 때가 많습니다. 매일 열심히 노력하고 있지만 성과가 나지 않고 힘만 든다면, 발전은커녕 도태되고 있는지도 모릅니다. 거기엔 여러 원인이 있겠지만, 사람의 발목을 잡는 고질적인 문제들 때문일 수 있습니다.

삶의 암초와도 같은 그런 문제는 반드시 해결해야 합니다. 배가 항해하려면 묶어 두었던 닻줄을 풀고 돛을 올려야 하듯, 자신의 발목을 잡는 고질적인 문제가 있다면 이를 해결해야 삶의 엔진에 가속이 붙습니다.

나라를 다스리는 것도 자신을 다스리는 것과 마찬가지입니다. 나라의 미래를 막고 있는 것이 있다면 과감하게 개혁해야 합니다. 〈남면(南面)〉 편에 나오는 다음 이야기를 찬찬히 읽어 보십시오.

　이윤(伊尹)이 은(殷)나라의 옛 관습을 변경시키지 않았더라면 탕왕은 새로이 군사를 일으켜 하나라를 멸망시키고 패왕이 될 수 없었을 것이다. 또 태공망(太公望)이 주나라의 옛 관습을 변경하는 데 찬성하지 않았더라면, 무왕(武王)이 군사를 일으켜 개혁을 단행하고 은나라를 멸망시켜 천하의 왕이 되는 일은 없었을 것이다.

　탕왕과 주왕은 사람과 때를 얻어 낡은 관습을 변경했기 때문에 각기 큰 성공을 거두었다. 관중이 예로부터 전해지는 제도를 변경했기 때문에 환공은 천하의 패자가 되었으며, 곽언(郭偃)이 진(晉)나라의 제도를 변경해 국가 발전의 토대를 마련했기 때문에 문공(文公)이 천하의 패자가 되었다.

　무릇 사람들이 옛것을 고치는 것을 불안하게 여기는 이유는 민심이 동요할까 봐 두려워서이다. 그러나 나라가 어지러운데도 옛 법을 개혁하지 않는 것은 언제까지나 옛날의 실패를 좇는 것과 같다. 민심이 동요하는 것을 두려워해 많은 사람의 인망을 얻을 일만 주로 해 나가는 것은 간악한 행위가 성행할 단서를 주는 것과 같다.

　한비는 옛 법 중에 변경해야 할 부분이 보인다면 지체하지 말고 변경하라고 조언했습니다. 그것이 곧 나라를 위한 길이었습니다. 나라가 혼란스러운데도 옛 법을 개혁하지 않으면 휘발유를 들고 불 속으로 뛰어드는 것과 같아서, 나라는 멸망의 길을 걷게 됩니다. 군주는 신하나 백성의 눈치를 보지 말고 개혁이 필요하면 언제든지 법을 고쳐야 한다는 이야기입니다.

〈오두(五蠹)〉 편에도 옛것에 얽매이지 말라는 이야기가 나옵니다. '오두'란 나무에 기생해 나무를 갉아 먹는 다섯 종류의 좀벌레를 말합니다. 비유로는 나라의 재산을 비열하게 빼앗으며 나라를 황폐하게 만드는 사람을 일컫습니다.

*

송(宋)나라에 밭을 가는 농부가 있었다. 농부의 밭 가운데에 그루터기가 있었는데, 어느 날 토끼 한 마리가 달려가다가 그 그루터기에 부딪혀 목이 부러져 죽었다. 그러자 농부는 아예 쟁기를 내려놓고 그루터기를 지키며 다시 토끼가 거기 부딪히기만을 기다렸다. 그러나 토끼는 오지 않았고, 그 농부는 송나라 사람들의 웃음거리가 되었다.

'수주대토(守株待兔)'라는 고사성어 이야기입니다. 그루터기를 지켜 토끼를 기다린다는 뜻의 수주대토는 고지식하고 융통성 없이 옛것을 고수하는 행동을 가리키는 말로 쓰이곤 합니다. 여기에는 시대와 상황에 맞는 방법을 사용해 정치를 해야 한다는 메시지가 담겨 있습니다.

강한 군주가 강한 나라를 만듭니다. 이때 문제 해결의 주체는 군주여야 합니다. 군주가 그런 역할을 제대로 해야 나라가 바로 섭니다. 나라를 이끌어 가는 군주만 그렇겠습니까? 조직과 개인의 삶도 마찬가지입니다.

우리는 각자 자신의 과거를 점검하며 실패의 원인을 찾고 바꿀 것들이 무엇인지 알아내야 합니다. 잘못이 있으면 고치고 개선해야 발전적인 삶으로 나아가는 길이 보입니다. 익숙하지만 성공적인 삶을 가로막는 습관들이 있다면, 하루빨리 이별을 고하십시오. 익숙함에 얽매여서는 희망이 없습니다.

과거를 점검하며 미래를 개척하려면 '온고이지신(溫故而知新)'의 정신을 배우는 것도 좋습니다. 온고이지신이란 옛것을 알고 익혀서 새로운 것을 안다는 뜻으로 《논어》〈위정(爲政)〉편에 나오는 말입니다. 공자는 "옛것을 익혀 새로운 것을 알면 다른 사람의 스승이 될 수 있다(溫故而之新, 可以爲師矣)"라고 했습니다. 옛것에서 배우고 익히고 분석한 것을 오늘 내 삶에 적용해 문제점을 발견하고 개선해 나가라는 말입니다.

여기서 옛것이란 지나온 역사를 말합니다. 다양한 형태로 전해지는 모든 옛것을 아우르는데, 그것은 고전(古典)이 될 수도 있고, 역사가 될 수도 있습니다. 어떤 것이든 상관없지만, 중요한 것은 거기서 어떤 교훈을 얻고 어떻게 삶에 적용하느냐입니다.

한비의 말을 교훈 삼아 우리의 삶을 변화시키려면 어떻게 해야 할까요? 제일 먼저 생각하고 점검해야 할 것은 자신의 삶을 갉아먹는 좀벌레입니다. 나라를 갉아먹는 다섯 가지 좀벌레가 있는 것처럼 우리 각자의 삶을 갉아먹는 다섯 가지 좀벌레를 찾아보길 바랍니다.

미루는 습관이 문제입니까? 스마트폰에 지나치게 빠졌습니까?

자신의 삶을 좀먹는 다섯 가지 좀벌레를 찾았다면, 그중 가장 급하게 해결해야 하는 한 가지부터 해결해 나가십시오. 그렇게 차츰차츰 삶의 좀벌레를 제거하다 보면 여러분의 삶은 고속도로처럼 쭉쭉 뻗어 나갈 것입니다.

성공의 때는 언제 오나?

부좌저지통야, 비자골수, 즉번심불가지야.
夫痤疽之痛也, 非刺骨髓, 則煩心不可支也.
비여시, 불능사인이반촌지석탄지.
非如是, 不能使人以半寸砥石彈之.

악성 종기가 생겨 병들고 아프면, 돌침으로 골수를 찔러야 낫는데 그 고
통을 견디기가 매우 어렵다. 이 이치를 모르면 반 촌 길이의 돌침으로 종
기를 도려낼 수 없을 것이다.
– 《한비자》〈외저설(外儲說) 우상〉 편

"구천은 곰의 쓸개를 걸어 놓고 앉을 때나 누울 때나
늘 그것을 핥고 쓴맛을 되씹으며 복수할 날을 기다렸다."

불안해도 나아가는 힘은 뚜렷한 목표에서 나옵니다. 자신이 지금 무엇을 해야 할지 명확히 알아야 삶의 에너지를 한곳에 집중할 수 있습니다. 때를 기다릴 줄도 알아야 합니다. 목표를 달성할 때까지 얼마나 참고 견디느냐가 성패를 좌우합니다.

포기하지 않고 나아가는 동력을 와신상담(臥薪嘗膽) 정신에서 찾을 수 있습니다. 한비가 와신상담에 대해 직접적으로 거론한 바는 없지만, 〈유로(喩老)〉 편에는 와신상담하며 때를 기다리는 장면이 나옵니다.

*

월나라 왕 구천(句踐)은 오나라로 들어가 왕의 신하가 되었을 때 직접 방패와 창을 가지고 오나라 왕을 위해 앞장섰다. 그런 까닭에 고소(姑蘇)에서 오나라 왕 부차(夫差)를 죽일 수 있었다. 문왕(文王)은 주왕(紂王)에 의해 옥문(玉門)에 구금되었지만 안색조차 바꾸지 않았으므로, 훗날 무왕(武王)이 목야(牧野)에서 주왕을 사로잡을 수 있었다.

월나라 왕이 패자가 되었던 것도, 무왕이 군주의 자리에 오른 것도, 치욕을 참은 덕분이었다.

한비는 이어서 "유약함을 지키는 것은 강함이다"라며 "보통 성인(聖人)에게는 치욕이 없는데 그것은 치욕을 치욕으로 생각하지 않기 때문이다"라고 덧붙였습니다. 치욕스러운 일을 겪었다면, 잊지 말고, 그 치욕을 극복할 힘을 기르라는 말입니다. 약해질 수밖에 없는 상황에서 강하게 맞설 수 있도록 힘을 기르고 준비하라는 이야기이기도 합니다.

사마천의 《사기(史記)》에 와신상담 이야기가 나옵니다. 춘추전국시대에 온 나라를 장악하겠다는 야망으로 가득한 오나라 합려(闔閭)가 월나라를 공격했습니다. 월나라를 정복해야 중앙으로 진출할 수 있었기 때문입니다. 그런데 합려는 월나라 왕에게 크게 패하고 화살에 맞아 목숨이 위태로워졌습니다. 임종을 앞둔 합려가 아들 부차(夫差)에게 왕위를 물려주면서 원수를 갚아 달라는 유언을 남겼습니다.

부차는 아버지의 원수를 갚기 위해 오자서(伍子胥)와 백비(白砒)를 임용하고 체제를 정비해 때를 기다렸습니다. 나아가 아버지의 유언을 잊지 않으려고 땔나무 위에서 잠을 청했습니다. 자신의 방을 드나드는 신하들에게 아버지의 유언을 외치도록 하며 복수를 되새김질했습니다. 이것이 와신상담의 '와신(臥薪)'입니다.

월나라 왕 구천도 초나라 출신 문종(文種)과 범려를 등용해 정치를 개혁하고 국력을 키웠습니다. 부차가 국력을 키우고 있다는 소식을 들은 구천은 범려의 반대에도 불구하고 오나라를 공격했습니다. 그러나 월나라는 오나라에 대패했고, 도망치던 구천은 부차에게 사로잡혔습니다. 구천은 백비에게 뇌물을 주며 부차의 신하가 되겠으니 목숨만 살려 달라고 애원했습니다.

이는 거짓 항복이었는데, 이를 눈치챈 오자서가 부차에게 구천을 죽여야 한다고 간언했습니다. 그러나 부차는 백비의 말만 믿고 구천을 살려 주었고, 오나라의 속국이 된 월나라로 돌려보냈습니다.

고국으로 돌아온 구천은 곰의 쓸개를 걸어 놓고 앉을 때나 누울 때나 늘 그것을 핥고 쓴맛을 되씹으며 복수할 날을 기다렸습니다. 이것이 와신상담의 '상담(嘗膽)'입니다. 구천은 낮에는 밭에 나가 농사를 짓는 것처럼 위장하고 뒤로는 군사를 키웠습니다. 그렇게 20년을 부국강병책을 실시하며 국력을 키워 마침내 오나라를 무너뜨렸습니다. 결국 부차는 고소에서 구천에게 항복했지요.

와신상담은 문자 그대로 "땔나무에서 잠을 자고 쓸개를 핥는다"라는 뜻입니다. 과거의 실패를 미래의 성공으로 바꾸기로 굳게 결심하고, 온갖 어려움을 참고 견디는 태도와 행위를 가리킵니다. 부차는 '와신'하며 승리를 쟁취했지만 자만하다가 낭패를 당했습니다. 반면, 구천은 '상담'하며 몸을 낮추었고 오랜 시간 준비하며 때를 기다린 끝에 마침내 승리를 거머쥐었습니다. 구천은 과거에 자신을 살려 주었던 은혜를 기억해 부차를 살려 보냈지만, 부차는 끝내 자살하고 맙니다.

우리도 삶에서 뭔가를 성취하려면 와신상담하는 시간이 필요합니다. 목표를 달성하려면, 자신을 조금 불편하게 할 필요가 있습니다. 할 것 다 하고, 놀 것 다 놀고, 먹을 것 다 먹어 가면서 원하는 일을 성취할 수 없습니다. 조금의 불편함과 쓴맛을 감당하십시오. 그때 전투력이 상승되고 자기 삶을 변화시켜야겠다는 의지가 불타오르는 것을 느낄 것입니다.

책에서 배운 지식만으로는 원하는 결과를 얻지 못합니다. 《장자(莊子)》의 〈천도(天道)〉에 나오는 다음 이야기를 잘 읽어 봅시다.

＊

제나라 환공이 당상에서 책을 읽고 있었다. 수레바퀴를 깎고 있던 목수 윤편이 망치와 끌을 놓고 당상을 올려다보며 환공에게 물었다.

"감히 한 말씀 여쭙겠습니다만 전하께서 읽고 계신 책은 무엇입니까?"

환공이 대답했다.

"성인의 말씀이다."

"그 성인은 지금 살아 계십니까?"

"벌써 돌아가신 분이다."

"그렇다면 전하께서 읽고 계신 책은 옛사람의 찌꺼기이군요."

환공이 화가 나서 말했다.

"내가 책을 읽고 있는데 목수 따위가 감히 시비를 건단 말이냐? 합당한 설명을 하면 괜찮지만, 그렇지 못하면 죽음을 면치 못할 것이다."

그러자 윤편이 찬찬히 설명했다.

"신은 목수 일로 미루어 말씀드렸습니다. 수레바퀴를 깎을 때 많이 깎으면 헐거워서 튼튼하지 못하고, 덜 깎으면 빡빡합니다. 더도 덜도 아닌 정확한 깎음은 손 감각으로 터득하고 마음으로 느낄 뿐 말로 표현할 수 없습니다. 신이 제 자식에게 그것을 말로 깨우쳐 줄 수 없듯이 옛사람도 마찬가지로 그들의 지혜를 말로 전해 주지 못하고 세상을 떠났을 것입니다. 그렇기에 전하께서 읽고 계시는 책이 옛사람의 찌꺼기라고 말씀드린 것입니다."

《사기(史記)》의 와신상담 이야기와 〈천도〉의 이야기에서 교훈을 얻었다면, 거기서 그치지 말고 실천하십시오. 그것을 실천하는 주체는 바로 여러분 자신입니다. 그 과정에서 불편함을 감수할 줄도 알아야 합니다. 성공의 때는 머릿속의 생각을 현실의 땀으로 승화시킬 때 다가온다는 사실을 기억하십시오.

제3부

법

신뢰를 얻고 정의를 세우는 엄정한 법치

제21장

신뢰 있는 조직을 위해 리더가 할 일은?

국무상강무상약. 봉법자강, 즉국강, 봉법자약, 즉국약.
國無常强無常弱. 奉法者强, 則國强, 奉法者弱, 則國弱.

항상 강한 나라도 없고 항상 약한 나라도 없다. 법을 받드는 사람이 강하면 강한 나라가 되고, 법을 받드는 사람이 약하면 약한 나라가 될 것이다.

– 《한비자》 〈유도(有度)〉 편

"정치란 식량을 풍족하게 하고, 군대를 충분히 하고, 백성의 믿음을 얻는 일이다. 그중 백성의 믿음은 어떤 경우에도 포기해선 안 된다."

혼란한 나라를 바로 세우려면 법이 제대로 집행돼야 합니다. 누구에게나 평등하게 법이 집행된다면 혼란 속에서도 질서가 잡힐 것입니다.

"법 앞에 만인은 평등하다"라는 말이 있습니다. 이 말은 1789년, 프랑스혁명 당시 '인권선언'에 처음 등장했습니다. 국가든, 왕이든, 일반 국민이든, 법은 평등하게 적용돼야 한다는 의미였습니다.

우리나라 헌법 제11조에는 다음과 같이 명시되어 있습니다.

"모든 국민은 법 앞에 평등하다. 누구든지 성별이나 종교 또는 사회적 신분에 의해 정치적·경제적·사회적·문화적 생활의 모든 영역에 있어서 차별을 받지 아니한다."

〈외저설(外儲說) 우상〉 편의 다음 이야기를 읽으며 우리의 현실과 비교해 보기 바랍니다.

＊

초나라 왕이 긴급히 태자를 불렀다. 초나라 법은 수레를 타고 내전으로 통하는 문으로 들어갈 수 없다고 했는데, 그날은 비가 내려 내전 뜰에 물이 흥건히 고여 있었다. 수레에서 내려 걸어가면 옷이 더러워질 게 분명하므로 태자는 그대로 수레를 타고 내전 앞까지 이르렀다.

문을 지키던 장수가 말했다.

"내전에서는 수레를 몰 수 없는데, 지금 태자께서는 법을 어기셨습니다."

"왕이 긴급히 부르시니, 물이 없는 곳으로 돌아서 갈 수 없다."

태자는 기어코 수레를 몰고 들어갔다. 그러자 문지기 장수가 칼을 뽑아 들고는 말을 찌르고 수레를 부쉈다.

태자가 궁궐로 들어와 왕에게 울면서 말했다.

"궁궐 안에 물이 많이 고여서 수레를 몰고 내전에 이르렀는데 문지기가 법을 어겼다며 칼로 신의 말을 찌르고 수레를 부쉈습니다. 왕께서 그를 죽여 주십시오."

"그는 늙은 왕을 위해 법을 지켰고 태자에게도 아첨하지 않았으니, 그야말로 나의 참된 신하이다. 법이 지켜지지 않으면 신하가 왕을 우습게 여기게 되고, 왕이 권위를 잃으면 나라가 위태로워진다. 그리되면 장차 내가 무엇을 자손에게 물려줄 수 있겠느냐?"

왕은 그 문지기 장수를 2계급 특진시키고, 태자를 후문으로 내보내

다시는 잘못을 저지르지 않도록 훈계했다.

이 이야기를 읽으면서 어떤 생각이 듭니까? 지금 이 시대에 이 같은 문지기가 몇이나 될까요? 한비는 군주도 이 문지기처럼 법을 철저히 집행해야 한다고 강조했습니다. 법 앞에 만인이 평등하다는 것을 군주가 직접 모범으로 보여야 합니다.

〈남면(南面)〉 편에는 군주가 어떻게 법을 대해야 하는지 말해 주는 대목이 나옵니다.

✳

군주는 신하가 지혜와 능력을 가졌다 해도 법을 위반하면 처신할 수 없도록 해야 하며, 뛰어난 행동을 했다 해도 공적을 뛰어넘는 포상을 해서는 안 되며, 충절과 신의가 있다 해도 법을 어겼다면 사면해 주어선 안 될 것이다. 이를 가리켜 법을 밝히는 것이라고 한다.

군주가 권력을 남용하면 그 피해는 고스란히 신하와 백성에게 돌아갑니다. 신하가 원리 원칙을 지키지 않으면 백성이 희생당합니다. 어떤 경우든 최대 피해자는 힘없는 백성입니다.

백성이 무시당하고 희생당하는 나라에 희망은 없습니다. 희생만 당하는 백성이 무슨 희망으로 살아가겠습니까? 정당한 대우를 받지 못하는데 무엇이 기쁘고 즐겁겠습니까? 삶에서 기쁨과 평안함을 느끼지 못하면 언젠가는 폭발하고 맙니다.

고부 군수 조병갑의 횡포에 동학농민운동(1894년)이 일어난 것처럼 모든 시민혁명은 원리 원칙이 사라진 사회에서 일어났습니다. 더는 삶에 희망이 없다고 보고 최후 수단으로 항거를 택하는 것입니다. 그런 나라는 어김없이 혼란에 빠지고 군주와 신하, 백성 모두가 손해를 입습니다. 그래서 군주가 백성의 신뢰를 얻는 것이 무엇보다 중요합니다.

　《논어》〈안연(顔淵)〉 편에서 공자는 군주에 대한 백성의 믿음이 얼마나 중요한지를 일깨워 주었습니다. 자공(子貢)이 정치(政治)가 무엇인지 묻자 공자는 "식량을 풍족하게 하고, 군대를 충분히 하고, 백성의 믿음을 얻는 일이다"라고 답했습니다.

　자공이 다시 물었습니다. "어쩔 수 없이 한 가지를 포기해야 한다면 무엇을 먼저 버려야 합니까?"

　"군대를 포기해야 한다."

　"나머지 두 가지 가운데 또 하나를 포기해야 한다면 무엇을 포기해야 합니까?"

　"식량을 포기해야 한다. 예로부터 사람은 죽음을 피하지 못했으나, 백성의 믿음 없이는 나라가 바로 서지 못했다(自古皆有死 民無信不立)."

　공자는 나라가 바로 서려면 정치에 대한 백성들의 신뢰가 중요하다고 강조했습니다. 여기서 '무신불립(無信不立)'이라는 사자성어가 나왔습니다. 무신불립이란 믿음이 없으면 설 수 없다는 뜻으로 정치에서든 인간관계에서든, 가장 중요한 미덕은 신뢰임을 뜻합니다.

지도자가 백성의 신뢰를 얻으려면 원리 원칙을 지켜야 합니다. 특히 법을 집행함에 있어 차별이 없고 투명해야 합니다. 정의란 결과만이 아니라, 결과를 만들어 가는 모든 과정이 투명하고 평등한 것입니다. 이 같은 정의가 바로 서야 국민은 마음 놓고 주어진 삶을 충실히 살아갈 수 있습니다.

법과 원리 원칙이 제대로 지켜져야, 정의가 바로 설 수 있습니다. 정의가 바로 서야 기회가 균등하게 주어지고, '개천에서 용 나는' 사회도 가능합니다. 신분이나 지위 고하에 상관없이 누구나 기회를 보장받고 실력으로 인정받는 사회에서는 누구나 무엇이든지 도전할 수 있다는 희망이 있습니다.

나라뿐만 아니라, 개개인도 삶의 현장에서 원리 원칙을 철저히 지켜야 합니다. 정부에는 법을 공정하게 집행하라고 요구하면서, 정작 자신은 그때그때 상황에 따라 마음대로 행동하면 안 됩니다. '내로남불(내가 하면 로맨스 남이 하면 불륜)'이 되면 곤란합니다. 조금 불편해도, 불이익을 당해도 개개인부터 원리 원칙을 철저히 지키는 사회가 되어야 합니다.

한비자와 공자의 이야기에 공감이 갑니까? 그렇다면 여러분도 믿음을 주는 삶을 살아가십시오. 지도자가 백성에게 믿음을 주어야 하듯, 여러분도 다른 누군가에게 믿음을 주는 삶을 사십시오. 특히 가족에게 믿음을 줄 수 있어야 합니다. 그것이 자기 자신을 지키는 길이며, 정의로운 사회가 되는 첫걸음입니다.

제22장

무엇이 조직을 망치는 간사한 행동인가?

부소위명군자, 능축기신자야.
夫所謂明君者, 能畜其臣者也.
소위현신자, 능명법벽치관직이대기군자야.
所謂賢臣者, 能明法辟治官職以戴其君者也.

이른바 현명한 군주란 신하를 잘 다루는 자이며, 현명한 신하란 법률과
형벌을 명확히 하며 일을 틀림없이 수행해 군주를 잘 보좌하는 사람을
말한다.
– 《한비자》〈충효(忠孝)〉편

"군주에게 많은 세금을 걷게 하고 국고를 털어
큰 나라를 섬기도록 조종한 신하들이 있다.
큰 나라의 위세를 이용해 군주를 좌지우지하려고
그런 것이다."

대한민국 헌법 제1조 1장에 "나라의 주권은 국민에게 있고 모든 권리는 국민에게 있으며 국민이 모든 국가의 주권"이라고 되어 있습니다. 만약, 나라의 주권을 잃는다면, 국민의 권리도 모두 잃게 됩니다. 일제강점기를 생각해 보십시오. 주권을 잃은 국민의 삶은 정말 비참했습니다.

그러나 나라의 주권을 잃었는 데도 호의호식하며 지낸 사람들이 있었습니다. 바로 나쁜 신하들이었죠.

한비는 나라가 바로 서려면 신하도 바로 서야 한다고 주장했습니다. 더불어, 나쁜 신하가 군주에게 저지르는 여덟 가지 간사한 행동을 다음과 같이 팔간(八姦)으로 분류했습니다. 나라를 팔아먹은 신하들과 그런 이들에게 빌붙어 살아온 자들의 삶이 그려질 것입니다.

첫째, 동상(同床)입니다. 동상이란 신하가 군주의 여인을 뇌물로 매수해 군주를 조종하는 행위를 말합니다. 이를테면, 군주가 편히 쉬려고 할 때, 혹은 만취했을 때를 틈타 원하는 일을 보채게 해서 반드시 들어주게 만드는 행태입니다.

둘째, 재방(在旁)입니다. 재방이란 배우, 난쟁이, 심부름꾼 등 군주를 가까이에서 모시는 자들이 군주의 비위를 맞추며 자신의 뜻을 이루는 행태를 말합니다. 그들은 군주가 명령을 내리기도 전에 "예, 예" 하고, 시키기도 전에 "네, 네" 합니다.

당시에는 군주가 원하는 것을 파악해 앞질러 대령하며, 군주의 낯빛과 기분을 미리 살펴 비위를 맞추는 이들이 많았습니다. 이들은 군주와 함께 나아가고 물러서며, 군주의 부름에 똑같이 응대하고, 말과 행동을 똑같이 함으로써 군주가 마음을 바꾸도록 만들었습니다.

셋째, 부형(父兄)입니다. 부형이란 군주의 자녀들을 뜻하며 넓은 의미로 군주가 사랑하는 가족들을 가리킵니다. 당시 많은 신하들이 군주의 가족을 이용해서 자신들의 뜻을 관철하려고 했습니다. 즉 부형들을 감언이설로 매수해 자기들이 원하는 바를 그들이 직접 군주에게 건의하도록 한 것이지요. 자녀들이 진언하면 군주는 어쩔 도리가 없었습니다. 신하들은 그런 식으로 군주의 자녀들을 이용해 벼슬자리에 올랐습니다.

넷째, 양앙(養殃)입니다. 군주가 궁궐과 누각 그리고 연못 가꾸기를 좋아하거나, 미녀나 개나 말을 꾸미는 것을 즐거워한다면 이는 곧 재앙입니다. 왜냐하면, 신하들은 그런 군주의 환심을 사기 위해 백성들을 동원해 아름다운 궁궐과 누각을 짓고, 세금을 마구 거둬들여 미녀와 개와 말을 꾸밀 것이기 때문입니다.

양앙이란 이처럼 신하가 군주의 욕망을 채워 주면서 군주의 사리 판단을 흐리게 해 놓고는 자신들의 이익을 챙기는 행태를 말합니다.

다섯째, 민맹(民萌)입니다. 민맹이란 신하가 백성들에게 공적인 재물을 나눠주는 식으로 작은 은혜를 베풀어 그들의 환심을 사는 행태를 말합니다. 당시 많은 신하들이 조정의 벼슬아치와 저잣거리의 백성들에게 칭송받을 일을 한 뒤 군주를 가로막아 자신의 목적을 달성했습니다.

여섯째, 유행(流行)입니다. 유행이란 교묘한 말로 군주의 마음을 허물어뜨리고, 판단을 흐리게 하는 행태를 말합니다. 당시 군주는 궁궐 밖의 사람들과 접촉할 기회가 매우 적었습니다. 다양한 의견을 듣기 어려우니 말주변이 뛰어난 정치가나 변론가의 말에 쉽게 넘어갔습니다.

당시 신하들은 제후국의 뛰어난 변론가와 유세에 뛰어난 자들을 앞장세워 군주를 조종했습니다. 마치 이 말만 들으면 모든 일이 유리하게 될 것처럼 꾸미고 환난이 닥쳐올 것이라고 위협하는 등 헛된 말로 군주의 마음을 흔들었습니다. 교묘한 언변과 유행하는 말을 이용해 자신의 이익을 취한 것입니다.

일곱째, 위강(威强)입니다. 위세를 빌려 권력을 휘두르는 것을 말합니다. 군주란 신하와 백성들이 좋다는 것을 좋다 하고, 나쁘다하는 것을 싫어하는 식으로, 신하와 백성들의 환심을 산 뒤 그들을 믿고 위세를 부리는 자라 할 수 있습니다. 그런데 신하들 중에도 자기편에 서 줄 협객과 무사들을 길러 낸 뒤 그들을 믿고 위세를 뽐내는 이들이 있었습니다.

그런 신하들은 자신을 위해 일하는 자에게 이익을 주고, 자신을 위해 일하지 않는 자는 죽인다는 점을 보여줌으로써 공포를 조성했습니다. 그런 식으로 개인적인 이익을 추구하는 것을 위강이라합니다.

여덟째, 사방(四方)입니다. 군주는 자신의 나라가 작으면 큰 나라를 섬기고, 군사력이 약하면 강한 군대를 두려워했습니다. 강대국에서 요구하면 약소국은 반드시 응해야 하며, 강력한 군대가 출병하면 약한 군대는 이에 복종해야 합니다. 신하들이 이 점을 악용해자신의 이익을 챙기려는 전략을 사방이라고 합니다.

이를테면, 군주에게 많은 세금을 걷게 하고 국고를 탈탈 털어 큰나라를 섬기도록 조종한 신하들이 있었습니다. 큰 나라의 위세를이용해 군주를 좌지우지하려고 그랬습니다. 심하게는 큰 나라의군대를 변방에 모이게 해 자기 나라를 제압하게 했고, 약하게는 큰나라의 사신을 자주 맞아들여 군주의 마음을 두려움에 떨게 만들었습니다.

이상, '팔간'을 읽고 있노라면 텔레비전 사극에서 보던 장면들이 떠오르지 않습니까? 나라의 미래는 생각하지 않고 자신의 이익만 챙기려고 온갖 방법을 동원하는 신하들이 있습니다.

그러나 팔간은 역사책이나 드라마에서만 존재하는 픽션이 아닙니다. 지금도 이 팔간과 같은 일들이 버젓이 일어나고 있습니다. 자신이 몸담고 있는 조직의 일급 정보를 빼내거나 리더의 마음을 교란시켜 자기 이익을 챙기는 일 등 그런 사례는 수없이 많습니다. 어디 그뿐입니까? 국민의 세금으로 지원받은 돈을 편법으로 취하는 일도 허다합니다.

그것보다 가슴 아프고 무서운 일은 군주가 백성을 사랑하지 않는 것입니다. 리더가 공동체의 일원을 자신의 이익을 챙기는 도구로 생각하는 것입니다. 이런 군주와 리더가 있는 공동체의 미래에는 희망이 없습니다.

사리사욕에 연연하면 역사의 심판을 받게 됩니다. 우리의 역사만 보아도 그렇습니다. 군주나 지도자가 바로 서지 않을 때마다 시민들이 들고일어나 저항했습니다. 나라든 공동체든 쓰러져 가는 곳곳마다 의식 있는 사람들이 분연히 일어나 행동합니다. 패악을 일삼는 군주와 리더가 결국 멸망의 길로 들어서는 이유가 그것입니다. 개인도 마찬가지입니다. 자신의 이익을 챙기려고 팔간에 나오는 행동들을 일삼는다면 희망이 없습니다.

제23장 조직의 원칙을 세울 때 주의해야 할 것은?

부마사록자이제지천금. 연이유백금지마이무천금지록자,
夫馬似鹿者而題之千金. 然而有百金之馬而無千金之鹿者,
하야? 마위인용이록불위인용야.
何也? 馬爲人用而鹿不爲人用也.

사슴과 비슷한 말이 있다면 그것은 천금의 가치가 있다. 그러나 백금의
말은 있지만 천금의 사슴이 없는 이유는 무엇인가? 말은 사람을 위해 쓰
이지만 사슴은 사람을 위해 쓰이지 못하기 때문이다.
- 《한비자》〈외저설(外儲說) 우상〉 편

"군주가 신하의 말을 대할 때 표준이 없으면 마치
연왕(燕王)이 도를 배우듯 될 것이며, 언설만 유창한
자는 정나라 사람이 나이를 다투는 것처럼 될 것이다."

어려운 내용을 어렵게 이야기하는 것이 쉬울까요, 어려운 내용을
쉽게 이야기하는 것이 쉬울까요? 많은 사람들이 어려운 내용을 쉽
게 이야기하는 것이 어렵다고 이야기합니다. 전문용어 한마디면 될
것을 풀어서 설명하려면 만만치 않은 준비가 필요합니다. 여기서
핵심은 상대의 눈높이에 맞추는 것입니다.

한비가 살았던 시대에 법은 가진 자도 이해할 수 없을 정도로 난
해했습니다. 한비는 〈오두(五蠹)〉 편을 통해 그런 현상을 비판했습
니다.

*

세상에서 말하는 현인(賢人)은 바르고 신임받게 행동하는 자이고, 지

혜로운 사람은 미묘한 말을 하는 자이다. 미묘한 말은 탁월한 지혜를 지닌 자도 알아듣기 어렵다. 백성들이 지킬 법을 탁월한 지혜를 지닌 자도 이해하기 어렵게 만든다면, 백성들은 그 법을 전혀 모를 것이다.

정치를 함에 있어 백성의 일에 대해 남녀가 분명하게 아는 방법을 사용하지 않고 탁월한 지혜를 가진 자의 주장만 좇는다면, 정치는 거꾸로 될 것이다. 그러니 백성들에게 미묘한 말은 아무런 필요가 없다.

한비는 일부 신하들이 자신들만 아는 용어로 법을 만드는 행태를 지적했습니다. 그들이 법을 어렵게 만든 이유는 개인의 이익 때문이었습니다. 당시엔 코에 걸면 코걸이, 귀에 걸면 귀걸이가 되는 법을 만들어 자신의 세력을 확장하려는 이들이 많았습니다. 그들은 나무를 야금야금 갉아 먹는 좀벌레처럼 나라의 재물을 빼앗아 갔습니다.

더 심각한 것은 군주들이 지혜롭지 못해 교묘한 말재주에 놀아났다는 것입니다. 군주들은 신하들이 하는 말을 듣기만 할 뿐, 그 진위나 그들의 진심을 따져 보지 않았습니다. 게다가 아첨과 감언이설에 속아 나라를 위험에 빠트렸습니다.

한비가 살았던 춘추전국 시대의 모습이 우리 시대에도 그대로 재현되고 있습니다. 전문가 집단에 속한 사람들이 일반인들은 알아듣기 어려운 말로 높은 벽을 쌓고 있습니다. 어려운 용어를 가지고 함락되지 않는 견고한 철옹성을 쌓는 형국입니다.

한비는 그런 모습에도 일갈을 날렸습니다. 권력 강화에 해가 되는 여덟 가지 인물 이야기를 담은 〈팔설(八說)〉 편에서 한비가 펼친 주장을 들어 봅시다.

＊

명철한 사람이 아니고는 이해할 수 없는 것을 법령으로 만들어서는 안 된다. 왜냐하면 민중 모두가 명철한 자는 아니기 때문이다. 현자가 아니면 행할 수 없는 것을 법령으로 제정해서도 안 된다. 왜냐하면 민중 모두가 현자는 아니기 때문이다.

한비는 법을 쉽게 만들어 일반 백성이 알 수 있도록 해야 한다고 주장했습니다. 교묘한 말로 법을 어렵게 만드는 것은 군주의 권력 강화에도 걸림돌이 된다고 했습니다. 군주는 신하가 무슨 말을 할 때 그 심중을 꿰뚫어야 합니다.

'법은 쉬운 말로 이해하기 쉽게 만들어야 한다'는 한비의 주장은 《한비자》 곳곳에서 발견됩니다. 〈외저설(外儲說) 좌상〉 편에 나오는 다음 이야기를 보십시오.

＊

군주가 신하의 말을 대할 때 표준이 없으면 마치 연왕(燕王)이 도를 배우듯 될 것이며, 언설만 유창한 자는 정나라 사람이 나이를 다투는 것처럼 될 것이다. 말에 꾸밈이 많고 미묘하며 난해하면 실용적이지 못하다.

"연왕이 도를 배우듯 된다"라는 말은, 연나라 왕이 죽지 않는 도를 가르쳐 준다는 어느 벼슬아치의 말에 속아 애꿎은 신하들을 죽인 사건을 가리킵니다. 이어진 '정나라 사람' 이야기는 정나라 사람 둘이 서로 자기가 나이가 많다고 다투었는데, 끝까지 우긴 사람이 이겼다는 이야기입니다. 목소리 큰 사람이 이겼다니, 얼마나 우스꽝스러운 상황입니까! 신하들도 교묘한 논리와 우기는 말로 군주의 판단력을 흐리게 했습니다.

법은 누가 해석하든지 명확한 법조문으로 되어야 합니다. 그리고 누구에게나 차별 없이 적용되어야 합니다. 〈외저설 우상〉 편에 나오는 다음 이야기로 이 점을 생각해 봅시다.

*

위(衛)나라 좌씨 지방에 오기(吳起)라는 사람이 살았다. 오기가 아내에게 끈을 하나 짜게 했는데, 아내는 처음 정해 놓은 폭보다 좁게 짰다. 오기가 아내에게 다시 고쳐 짜라고 했지만, 이번에도 치수가 맞지 않았다. 오기가 크게 화를 내며 왜 시키는 대로 하지 않느냐고 책망하자 아내가 대답했다.

"처음에 잘못된 치수의 날실을 넣고 짰기 때문에 나중에 고쳐 짤 수가 없습니다."

오기는 남편 말을 듣지 않는 여자라며 아내를 쫓아냈다. 그리하여 친정에 돌아가게 된 오기의 아내는 오빠에게 부탁해 다시 집으로 돌아갈 수 있게 해 달라고 했다. 오빠는 이렇게 대답했다.

"오기는 법을 실행하는 자이다. 법을 실행한다는 것은 만승(만 대의 병거라는 뜻으로 천자를 이르는 말)의 나라를 위해 공을 이루려는 것인데, 아내에게 먼저 실행한 뒤에 국가에도 실행하려는 것이다. 그러니 다시 그 집에 돌아가겠다는 생각은 버리도록 해라."

그 아내에게는 위나라 왕에게 중용된 동생이 있었다. 그 동생이 위나라 왕의 권세로 오기에게 누이의 일을 부탁했다. 그런데도 오기는 따르지 않고 마침내 위나라를 떠나 초나라로 가 버렸다.

제대로 된 끈을 짜지 못한 것은 처음부터 잘못된 치수로 짰기 때문입니다. 중간에 바로잡으려고 했지만, 기준이 잘못되었으니 소용이 없었죠. 오기의 아내는 자신의 잘못에 대해 용서를 구하지 않았습니다. 대신 오빠에게 부탁해 다시 오기에게로 갈 수 있도록 했습니다. 하지만 오빠는 거절했습니다.

그러나 포기하지 않고 위나라 왕의 권세로 오기에게 부탁했습니다. 그 부탁을 들은 오기는 위나라를 떠나 버렸습니다. 아마도 왕의 힘으로 편법을 쓰려는 행태를 보고 실망했을 것입니다. 오기의 아내와 아내의 동생은 힘 있는 사람의 뒷배로 법을 함부로 적용하려고 했습니다. 오기는 자신의 아내에게조차 평등하게 법이 적용되는 사회를 꿈꾸었습니다.

다른 한편, 자신들만 아는 용어를 써서 만든 법은 백성을 위한 법이라고 할 수 없습니다. 백성을 위한 법이라면 백성이 알 수 있는 쉬운 말로 만들어야 합니다. 그런 점에서 세종대왕은 얼마나 위대한 분입니까! 세종대왕은 백성들이 글을 알지 못해 불이익을 당하는 것을 보며, 어린아이도 읽고 쓸 수 있는 쉬운 글을 만들어야겠다고 생각했습니다. 세종대왕이 백성들을 진심으로 사랑했기에 그런 결정을 내린 것입니다.

누가 봐도 옳은 결정이었지만, 당시 신하들은 목숨을 걸고 반대했습니다. 왜냐하면, 모든 백성이 글을 읽고 쓴다면 자신들의 지위와 위치가 위태로워질 것이 분명했기 때문입니다. 모두에게 기회가 평등하게 돌아가는 살기 좋은 나라를 만들겠다는 의지가 그 신하들에게는 전혀 없었습니다.

명예가 있고 지위가 높을수록 글을 어렵게 쓰는 경향이 있습니다. 글에 나타난 어휘가 곧 필자의 얼굴인 듯, 자신의 지위와 명예에 걸맞은 어휘를 선택하고자 눈에 불을 키는 것 같습니다. 독자에 대한 배려보다 필자 자신을 드러내려는 마음이 더 큰 것입니다.

몸에 힘을 빼고 상대의 눈높이에 맞추는 일은 쉽지 않습니다. 전문용어를 쓰고 영어나 고사성어를 곁들이면 자신의 위상이 높아질 것이라고 생각하는 사람이 많습니다. 하지만 그것은 착각입니다. 오히려 사람들은 눈높이를 낮추고 무릎을 꿇는 리더에게 마음을 열고 더 많은 호감과 존경심을 가집니다.

제24장

몸에 좋은 쓴소리를 어떻게 가려내나?

문고편작지치기병야, 이도자즉골,
聞古扁鵲之治其病也, 以刀刺則骨,
성인지구위국야, 이충불이.
聖人之救危國也, 以忠拂耳.

편작은 병을 치료할 때 칼로 뼈를 찔렀고, 성인은 위기에 빠진 나라를 구
할 때 충성된 말로 귀를 거슬리게 했다.
- 《한비자》〈안위(安危)〉편

"바위는 아무리 강하고 단단해도 죽은 것이고
계란은 아무리 약해도 산 것이니 바위는 부서지지만
계란은 깨어나 바위를 넘는다."

옳은 것을 옳다고, 그른 것을 그르다고 이야기할 수 있는 사람
이 얼마나 될까요? 정말 쉽지 않은 일입니다. 그럼에도 그른 것을
그르다고 말할 수 있는 용기 있는 사람이 많아져야 합니다. 그런
사람들이 세상을 조금이라도 살기 좋은 곳으로 만들어 갑니다.

〈설림(說林) 하〉 편에는 군주에게 목숨 걸고 진언해 군주의 생각
을 바로잡은 사람 이야기가 나옵니다.

*

정곽군(靖郭君)이 설(薛) 땅에 성을 쌓으려고 하자, 빈객들 가운데 이
일에 대해 간언하는 사람이 많았다. 정곽군이 알자(謁者)에게 말했다.

"빈객들을 못 오게 하라."

제나라 사람 가운데 정곽군을 만나고자 청하는 자가 있었다.

그는 "신은 세 마디만 하기를 청합니다. 세 마디를 넘으면 신을 삶아 죽이십시오"라고 했다.

이에 정곽군이 그를 만나 보았다. 그 빈객이 종종걸음으로 나아가, "해대어(海大漁)"라고 말했다.

그러고는 돌아가려고 하자 정곽군이 의아해하며 말했다.

"그 말의 뜻을 듣고 싶소."

"저는 감히 죽음을 장난으로 생각하지 않습니다."

"나를 위해 말해 주기를 원하오."

"군께서는 대어(大漁)에 대해 들어 보셨습니까? 대어는 그물로도 작살로도 잡을 수 없지만, 튀어 올라 물에서 벗어나게 되면 개미라도 제 마음대로 하게 되지요. 지금 제나라는 군의 바다와 같습니다. 군께서 오랫동안 제나라에 있다면 설 땅으로 무엇을 하겠습니까? 군께서 제나라를 잃는다면, 비록 설 땅에 성을 하늘에 이를 만큼 높이 쌓는다 한들 무슨 이익이 있겠습니까?"

"옳소."

정곽군은 공사를 멈추게 하고 설 땅에 성을 쌓지 않았다.

빈객은 목숨을 걸고 정곽군에게 간언했습니다. 나라의 위태로움을 알리고 싶었기 때문입니다.

세상이 조금 더 나은 방향으로 발전해 갈 수 있는 것은 잘못된 점을 잘못되었다고 말하는 용기 있는 사람들이 있어서입니다. 그들의 용기 있는 외침이 사회를 변화시키고 역사를 바꿔 놓았습니다. 우리의 역사를 살펴보십시오. 많은 시민들이 촛불을 들고 광장으로 달려 나왔기에 새로운 세상을 맞이할 수 있었습니다. 침묵은 결코 세상을 변화시키지 못합니다.

나폴레옹은 "세상이 많이 아프다. 나쁜 이들의 폭력 때문이 아니라, 좋은 이들의 침묵 때문이다"라고 말했습니다. 바른 목소리를 내야 하는 사람들이 침묵하고 있으면 세상은 병들어 간다는 겁니다. "학자의 양심"이라는 말도 비슷합니다. 지식 있는 사람이 잘못된 것을 잘못되었다고 말하고, 자신의 자리에 연연하지 않고 옳은 것을 위해 목숨까지 바칠 각오로 행동해야 한다는 뜻입니다.

침묵하는 사회에 미래는 없습니다. 군부독재가 집권하던 시절 5·18 민주항쟁이 없었다면 우리 사회에 민주주의는 뿌리내리지 못했을 겁니다. 그 항쟁에서 학생들과 시민의 항거와 희생이 변화의 씨앗이 되었습니다. 미국에서 마틴 루터 킹 목사의 저항이 없었다면, 남아프리카공화국에서 넬슨 만델라 대통령의 희생이 없었다면, 전 세계 흑인들은 여전히 인권을 유린당하며 고통스러운 삶을 살고 있을 것입니다.

불의에 항거하면 커다란 고통이 따르지만 그들은 결코 포기하지 않았습니다. 고통과 고난도 좀 더 나은 삶과 세상을 만들려는 그들의 열망을 꺾지는 못했습니다. 그러나 많은 사람들이 잘못된 것을 잘못되었다고 말하기를 꺼립니다. 옳은 소리를 했다가 공연히 손해를 당할까 봐 걱정해서 그렇습니다. 자칫하다가 당사자뿐만 아니라 그 주변 사람들까지 힘들어질 수 있기 때문입니다.

이런 일은 동서고금을 막론하고 일어나는데, 춘추전국 시대에도 예외가 아니었나 봅니다. 〈외저설(外儲說) 좌하〉 편을 봅시다.

＊

범문자(范文子)가 직언하기를 좋아하자, 그의 아버지 범무자(范武子)가 몽둥이로 때리며 말했다.

"무릇 직언하는 자를 사람들은 받아들이지 못한다. 받아들여지지 못하면 네 한 몸만 위태로워지는 게 아니라, 장차 이 아비까지도 위태로워질 것이다."

자국(子國)의 아들 자산(子産)이 정나라 왕에게 충성하자, 자국은 아들을 꾸짖으며 말했다.

"다른 신하들은 안 그러는데 왜 너 혼자만 군주에게 충성하느냐? 만일 군주가 현명하다면 네 말을 들어주겠지만, 현명하지 못하다면 네 말을 들어주지 못할 것이다. 군주가 네 말을 들어줄지 안 들어줄지는 정확히 알 수 없지만, 분명한 사실은 너는 벌써 신하들과 떨어져 있다는 것이다. 신하들과 떨어져 있으면 네 몸은 반드시 위험해질 것이고, 너만 위험한 게 아니라 이 아비 또한 위험해질 것이다."

"모난 돌이 정 맞는다"라는 속담처럼, 바른말 하기 좋아하는 사람은 미움받기 쉬우니 눈치껏 행동하라는 이야기입니다. 너무 강직해도 공격당할 수 있으니 있는 듯 없는 듯 처신하라는 말이기도 합니다. 이런 태도를 좋은 처세술이라 생각할 수 있지만, 그래서는 삶을 변화시킬 수 없습니다.

설사 눈앞에서 불의한 일이 벌어진다 해도, 강 건너 불구경하듯 바라만 보는 사람이 많습니다. 굳이 자신이 나서지 않아도 된다고 생각해서 그렇습니다. 그러나 침묵한 결과는 부메랑이 되어 결국 자신에게 돌아오기 마련입니다. 그 피해가 자신에게 다가왔을 때는 이미 돌이킬 수 없는 상황에 이른 경우가 많습니다.

1980년 독재 정부 시대의 이야기를 다룬 〈변호인〉이라는 영화가 있습니다. 영화의 소재였던 '부림 사건'은 정부가 민주화 운동 세력을 탄압하기 위해 아무 죄 없는 대학생들을 빨갱이로 몰아 고문하고 조작한 사건이었습니다.

영화의 주인공 송 변호사는 모두의 반대에도 불구하고 누명을 쓴 진우를 변호합니다. 판사와 검사, 경찰과 군인, 국가기관까지 개입해 사건을 조작한 가운데 송 변호사만이 진우에게 무죄를 선언합니다. "그것은 계란으로 바위치기"라며 포기하라는 사람들의 말에 그는 다음과 같은 명대사를 날립니다.

"바위는 아무리 강하고 단단해도 죽은 것이고 계란은 아무리 약해도 산 것이니 바위는 부서지지만 계란은 깨어나 바위를 넘는다."

송 변호사의 눈물겨운 사투에도 결국 무죄 선고는 받지 못했지만, 이 사건은 단단한 바위를 달걀로 넘어설 수 있다는 것을 보여주었습니다. 이런 용기 있는 작은 외침들이 우리나라의 민주화를 이끌어 냈습니다.

제가 한 학교에서 강의를 할 때, 어떤 학생이 자신은 대학에 가면 사회정의를 위해 잘못된 것을 잘못되었다고 말하는 자리에서 일하고 싶다고 했습니다. 다른 학생은 그건 어리석은 행동이라며 자신은 그 시간에 공부를 열심히 할 것이라고 반박했습니다. 여기에 대한 갑론을박 토론이 이어졌고 저도 제 의견을 내놓았습니다.

저는 모두 각자의 자리에서 최선을 다해 살아가면 되지만, 잘못된 것을 잘못되었다고 말하는 친구가 불이익을 당하게 되면 공부를 열심히 한 친구들이 도움을 주어야 한다고 말했습니다. 정의를 위해 앞장선 친구 때문에 사회와 조직은 조금이라도 좋은 쪽으로 변할 것이고, 그 시간에 공부를 열심히 한 친구에게 그 혜택이 돌아갈 것이기 때문입니다.

잘못된 것을 잘못되었다고 말하기가 쉬운 일은 아닙니다. 리더와의 관계, 자신의 위치, 가족들의 안위 등이 연계되어 있으므로, 조직의 잘못을 들춰내기가 어려울 것입니다.

그러나 침묵은 곤란합니다. 침묵은 원칙을 무너뜨리고 누군가의 삶을 구렁텅이로 몰아넣는 주범입니다. 침묵하는 조직과 사회의 미래는 결코 밝을 수 없습니다.

제25장

문제 관리는 어느 단계부터 해야 하나?

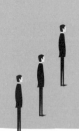

차개신역이피난, 경세이원대자야.
此皆愼易以避難, 敬細以遠大者也.

아무 일도 없을 때 경계함으로써 어려운 일이 없도록 하고, 사소한 일을
경계함으로써 큰 화(禍)에 이르지 않도록 한다.
– 《한비자》〈유로(喩老)〉 편

"사치의 시작은 별거 아닌 상아 젓가락이었지만,
작은 사치가 주지육림으로 이어지고
마침내 나라를 망하게 했다."

영국의 우화 소설가 존 버니언은 "한 가지 죄가 사람을 파멸시킨
다"라고 했습니다. 작은 것을 소홀히 여기면 결국 큰 것을 잃는다
는 뜻입니다. 무릇 눈에 보이지 않는 미세한 세균이 사람을 아프게
하고, 작은 균열이 큰 댐을 무너뜨리는 법이지요.

〈내저설(內儲說) 하〉 편에서 한비는 군주가 주의해야 할 여섯 가지
기미(幾微)에 대해 이야기했습니다. 기미란 미묘한 낌새를 뜻하는데,
군주는 이 미묘한 낌새를 관찰해야 화를 피할 수 있다고 합니다.
그 여섯 가지는 다음과 같습니다.

첫째 신하에게 권세를 빌려주는 일, 둘째 군주와 이해관계가 다
른 신하가 외국의 세력을 빌려오는 일, 셋째 신하가 유사한 일을
빙자해 자기 이익을 도모하는 일, 넷째 사람에 따라 이해가 상반됨

을 알고 각각의 이해를 살피는 일, 다섯째 신하가 군주의 세력에 버금가는 힘을 길러 내분을 일으키는 일, 여섯째 적국이 본국 신하의 폐출과 등용에 간섭하는 일입니다.

〈내저설〉 편에서 한비는 군주에게 이로운 것은 신하에게 해롭고 신하에게 이로운 것은 군주에게 해롭다며 상대의 기미를 주시하라고 말합니다.

〈유로(喻老)〉 편에서 한비는 작은 것을 소홀히 여기면 어떻게 큰 화가 오는지 질병의 비유를 들어 이야기했습니다.

＊

편작(扁鵲)이 채(蔡)나라 환후(患候)를 만났다. 편작이 잠시 서서 환후를 살펴보더니, "왕께서는 피부에 질병이 있습니다. 치료하지 않으시면 장차 심해질까 봐 염려됩니다"라고 말했다.

그러자 환후가 "나는 병이 없소"라고 대꾸했다.

편작이 물러나자 환후는, "의사는 이득을 좋아해서 질병이 없는데도 치료해 자신의 공이라고 자랑하려고 한다"라고 했다.

열흘 후 다시 환후를 만난 편작이, "왕의 질병은 살 속에 있으니 치료하지 않으시면 장차 더욱 심해질 것입니다"라고 주의를 주었다.

환후는 이를 무시했고 편작은 그대로 물러났다. 환후는 또다시 불쾌해했다. 열흘 후 편작이 다시 와서 말했다.

"왕의 질병은 장과 위에 있습니다. 치료하지 않으시면 장차 더욱 심해질 것입니다."

이번에도 환후는 아무 대응도 하지 않았고 편작이 나가자 또다시 불쾌해했다. 열흘 후 편작은 환후를 멀리서 바라보다가 발길을 돌려 달아났다. 환후가 사람을 시켜 그 까닭을 물었더니, 편작이 이렇게 말했다.

"질병이 피부에 있을 때는 찜질로 치료하면 되고, 살 속에 있을 때는 침을 맞으면 되고, 장과 위에 있을 때는 약을 달여 복용하면 됩니다. 그러나 병이 골수에 있을 때는 운명을 관장하는 신이 관여한 것이라 어찌할 방법이 없습니다. 지금 왕의 질병은 골수까지 파고들었으므로 신이 아무것도 권유하지 않은 것입니다."

그로부터 닷새 후 환후가 몸에 통증이 있어 사람을 시켜 편작을 찾았다. 하지만 편작은 이미 진(秦)나라로 달아난 뒤였다. 환후는 결국 사망하고 말았다.

"천하의 어려운 일은 반드시 쉬운 데서 이루어지고, 큰일은 반드시 작은 일로부터 이루어진다(天下之難事必作於易, 天下之大事必作於細)"라고 한비는 말했습니다. 상황을 제어하려면 문제가 미세할 때 손대야 합니다. 환후는 보이지 않는다고 병을 소홀히 여겼고, 보이지도 않는 병으로 자신을 치료해 공을 자랑하려 든다며 오히려 편작을 불쾌해했습니다. 편작은 왕에게 계속해서 조언했지만, 왕은 콧방귀도 뀌지 않았습니다.

'1 : 29 : 300 법칙'이 있습니다. 큰 재해가 일어나기 전, 반드시 작은 사고와 징후들이 존재한다는 법칙입니다. 미국의 여행보험회사에 근무하던 허버트 윌리엄 하인리히가 산업재해를 분석하다가 발견한 법칙이어서 '하인리히 법칙'이라고도 합니다. 하인리히가 보니, 대형사고가 1회 생기기까지 300회의 사소한 징후와 29회의 작은 사고들이 있었습니다. 300회씩이나 일어나는 사소한 징후를 무시할 때 큰 사고가 발생합니다. 1931년에 탄생한 이 법칙의 의미를, 한비는 이미 기원전에 통치술에 적용해 이야기했습니다.

그렇다면, 문제가 작을 때 이를 어떻게 관리해야 할까요?

〈유로(喩老)〉 편의 다음 이야기로 생각해 봅시다.

＊

은나라 주왕(紂王)이 상아 젓가락을 만들었다. 그 소식을 들은 기자(箕子)가 염려하며 이렇게 생각했다.

'상아 젓가락은 흙으로 만든 그릇에 사용할 수 없고, 필시 무소뿔이나 옥으로 만든 그릇에 사용할 것이다. 상아 젓가락에 옥으로 만든 그릇을 쓰게 되면 채소로 된 국은 먹지 않고, 필시 쇠고기나 코끼리고기나 표범고기만을 먹게 될 것이다. 쇠고기나 코끼리고기나 표범고기를 먹으면, 베로 만든 짧은 옷을 입거나 초가집에서 살려고 하지 않을 것이며, 필시 비단옷을 입고 구중궁궐이나 고대광실에 살려고 할 것이다. 나는 그 최후가 두려워서 상아 젓가락을 만든 처음을 걱정한다.'

그로부터 5년이 지나자 주왕은 육포(肉圃)와 포락(炮烙)을 만들고, 술지게미가 쌓인 언덕을 오르고, 술을 채운 연못에서 놀았다. 이에 은나라는 결국 망하게 되었다. 기자는 상아 젓가락을 보고 천하의 화를 미리 알았던 것이다.

이 이야기는 후대에 '주지육림(酒池肉林)'이라는 사자성어로 전해집니다. 〈설림(說林) 상〉 편에도 같은 메시지가 반복될 정도로 한비는 작은 일을 소홀히 하는 행태를 강력히 경계했습니다. 주지(酒池)란 '술로 가득 찬 연못'을, 육림(肉林)이란 '고기 숲'을 뜻합니다. 주지육림은 주왕의 호화롭고 사치스러운 생활을 단적으로 보여주는 말입니다. 사치의 시작은 별거 아닌 상아 젓가락이었지만, 작은 사치가 주지육림으로 이어지고 마침내 나라를 망하게 했습니다.

고위 공직자를 등용할 때면 으레 인사청문회를 열어 자격을 판단합니다. 후보자를 면밀히 살펴 결격 사유가 있는지 알아보는 절차이지요. 담당 부서에서 엄격한 잣대로 검증에 검증을 거쳐 지명돼 청문회까지 나온 것인데도, 그 청문회를 거뜬히 통과한 사람은 많지 않습니다. 정치적인 이유로 발목을 잡히기도 하지만, 대부분은 국민의 눈높이에 걸려 낙마하게 됩니다. 지난날, 아주 작은 것을 소홀히 여겼거나 해서는 안 될 일을 저지른 결과가 그렇습니다. 그런 식으로 인재를 잃는다면 당사자가 속상한 것은 물론이고 국가적으로도 큰 손해입니다. 게다가 국민들은 깊은 마음의 상처를 입을 것입니다.

삶의 유혹이 우리를 삼키려 할 때 어떻게 해야 할까요?

〈설림 하〉 편에 나오는 이야기에서 그 해답을 찾을 수 있습니다.

＊

진(晉)나라의 중행문자(中行文子)가 죄를 짓고 달아나다가 어느 고을을 지나게 되었다. 그때 그의 시종이 말했다.

"이 고을의 관리는 공자님과 친분이 있는 사람이니 잠시 이곳에서 쉬시다가 다음 수레를 기다리는 것이 어떻겠습니까?"

문자가 말했다.

"내가 지난날 음악을 즐겼을 때 그는 나한테 거문고를 보내 주었고, 내가 패옥을 좋아했을 때는 패옥을 보내 주었다. 이렇듯 그는 내 과실에 대해 충고하는 대신, 내 비위를 맞추려고만 했다. 그러므로 이번에도 나를 이용하려고 또 어떤 선물을 줄지 그것이 염려된다."

결국 문자는 지체하지 않고 그 지방을 지나쳐 갔다. 문자의 예상대로 그곳의 관리는 문자를 잡으려고 했으나 놓치고 그의 짐을 싣고 뒤따르는 짐수레만을 몰수해 진나라 군주에게 바쳤다.

한비는 이 이야기를 통해 우리 삶에 작은 유혹이 찾아올 때 이를 미리 감지하고 그곳을 벗어나야 한다고 충고합니다. 작은 유혹이라도 미연에 방지하라는 이야기이죠. 실수할 빌미를 제공하지 않는 것이 중요합니다. 유혹에 한 번 코가 꿰면 좀처럼 벗어나기가 어렵습니다. 그 한 번이 여러분의 삶을 옥죄는 바이러스가 될 것입니다.

한비는 이 예화를 통해 지금 이 글을 읽고 있는 여러분에게 다음과 같은 질문을 던집니다.

"당신에게 상아 젓가락과도 같은 것은 무엇인가?"

"어떤 것을 스스로 제어하지 못하는가?"

여러분 자신에게 질문해 보십시오. 지금 여러분이 소홀히 여기는 것이 여러분의 삶을 무너뜨리고 있고, 자기 자신을 지키지 못하게 하고 있는지도 모릅니다.

제26장

충신을 버릴 때 조심해야 할 것은?

유도지군, 외무원수어린적, 이내유덕택어인민.
有道之君, 外無怨讐於鄰敵, 而內有德澤於人民.

도를 터득한 군주는 대외적으로는 이웃을 원수로 여기지 않고, 대내적으
로는 백성에 은혜를 베푼다.
ㅡ 《한비자》 〈해로(解老)〉 편

"교활한 토끼를 잡고 나면 사냥개를 삶아 먹고,
새 사냥이 끝나면 좋은 활도 감추어지며,
적국이 타파되면 모신도 망한다."

혼란한 시대에는 그 어느 때보다 경쟁이 치열합니다. 잠시라도 한눈팔면 뒤처지고, 끝내 도태될 수 있습니다. 그래서 온도를 가늠하기 어려울 정도로 경쟁의 열기가 뜨거운 것입니다. 그러다 보니 관계 속에서 실망과 좌절을 맛보는 일이 많아지지요. 자신의 이익만 생각하고 곁에 있는 사람들에게 실망감을 안겨주는 사람들 때문에 그렇습니다.

〈내저설(內儲說) 하〉 편에 나오는 토사구팽 이야기로 이에 관해 생각해 보겠습니다.

*

월나라 왕 구천이 오나라 왕 부차를 공격하자 부차는 용서를 빌고 항복을 알렸다. 월나라 왕은 부차를 용서하려고 했으나, 범려(范蠡)와 대부인 종(種)이 말렸다.

"안 됩니다. 지난날 하늘이 월나라를 오나라에 주려고 했으나 오나라는 그것을 받지 않고 용서해 주었습니다. 그래서 하늘이 이번에 부차를 뒤엎고 오나라를 우리 손에 쥐여 준 것이니 두 번 절하고 받아야 합니다. 결코 용서해서는 안 됩니다."

오나라 재상 비가 대부 종에게 다음과 같은 서한을 보냈다.

"자고로 잡을 토끼가 없어지면 훌륭한 사냥개를 삶아 먹는다고 했습니다. 적국이 망하면 지혜로운 신하는 버림받게 되지요. 그러니 대부께서는 오를 용서해 멸망시키지 않음으로써 월나라의 근심거리가 되도록 하고 그로써 대부의 지위를 확고히 하는 것이 상책입니다."

대부 종은 이 글을 보고 그럴듯하다고 생각했지만 일신보다는 나라를 먼저 생각하는 충신이었으므로 이렇게 답했다.

"내가 죽임을 당하는 것은 분명한 일이다. 오를 용서해 적으로 만들고 내 지위를 굳힌다 해도 장차 오가 월을 정벌한다면 나라의 존립이 위태로워질 것이니, 월이 멸망한다면 그로써 내 목숨도 끝장날 것이 아닌가?"

토사구팽(兎死狗烹)이란 토끼가 죽으면 토끼를 잡던 사냥개는 필요 없게 되어 주인에 의해 잡아먹힌다는 뜻입니다. 필요할 때는 쓰고 필요 없을 때는 버리는 것, 자신에게 이익이 될 때는 취하고 이익이 없으면 버리는 행태를 이릅니다.

사마천의 《사기(史記)》 〈월왕구천세가(越王句踐世家)〉 편에는 토사구 팽의 이야기가 다음과 같이 전해집니다.

오나라와 월나라의 전쟁에서 월나라가 승리합니다. 그 일등공신은 범려와 문종이었죠. 전쟁이 끝나고 월나라 왕 구천은 범려와 문종에게 큰 벼슬을 내렸습니다. 그런데 범려는 친구인 문종에게 편지 한 장을 남기고 떠납니다. 편지의 내용은 이랬습니다.

"새 사냥이 끝나면 좋은 활도 감추어지고, 토끼를 잡고 나면 사냥개를 삶아 먹는다."

범려는 문종의 안위가 걱정되어 피신하라고 충고한 것입니다. 그러나 문종은 월나라를 떠나지 못하고 주저하다가 구천에게 반역의 의심을 받고는 끝내 자결하고 맙니다.

토사구팽은 유방을 도와 한나라를 세운 한신의 이야기로도 유명합니다. 중국을 통일한 유방은 일등공신인 한신을 초왕으로 책봉했습니다. 그러나 마음속으로는 늘 그가 세력이 커져 자신에게 도전할까 봐 두려웠습니다. 그러던 중 유방과 패권을 다투던 항우의 부하 종리매가 한신과 어울린다는 이야기를 들었습니다.

일찍이 유방은 전투에서 종리매에게 공격당해 힘들었던 경험이 있었습니다. 이를 기억해 낸 유방은 한신에게 종리매를 체포하라는 명령을 내립니다. 하지만 한신은 오랜 친구를 배반할 수 없어 그 명령을 따르지 않았지요. 그런데 많은 신하들이 한신에게 종리매의 목을 베어 유방에게 가져가야 한다고 조언하자 한신은 종리매에게 상황을 설명했습니다. 그러자 종리매가, "유방이 초를 침범하지 못하는 것은 자네 밑에 내가 있기 때문이네. 그런데 자네가 나를 죽여 유방에게 바친다면 자네도 얼마 안 가서 당할 것이네. 자네의 생각이 그 정도라니 내가 정말 잘못 보았네"라고 말했습니다.

종리매는 말을 마치고 스스로 목숨을 끊었습니다. 한신은 종리매의 목을 유방에게 가져갔습니다. 그런데 유방은 한신을 포박해 초왕의 자리를 빼앗아 버립니다. 이에 한신은 유방을 원망하며 다음과 같이 이야기합니다.

"과연 사람들의 말과 같도다. 교활한 토끼를 잡고 나면 사냥개를 삶아 먹고, 새 사냥이 끝나면 좋은 활도 감추어지며, 적국이 타파되면 모신도 망한다. 천하가 평정되니 나도 '팽' 당하는구나."

범려의 말을 인용하며 자신의 신세를 한탄한 것이지요. 사실 한신이 목숨을 건 대가치곤 너무 가혹한 결과였습니다.

월나라 구천과 한나라 유방은 자신을 도와 나라를 일으킨 공신을 헌신짝 버리듯 내쳤습니다. 장차 정치하는 데 걸림돌이 될 것 같은 이들을 미리 손을 써서 없앤 것입니다. 사냥이 끝났으니 사냥개는 이제 필요 없다는 것이지요.

군주의 이런 선택은 권력 분산을 막고 군주의 지위를 더욱 견고히 다지기 위한 불가피한 선택일 수 있습니다. 그러나 곰곰이 생각해 보면 꼭 그렇지도 않은 것이, 토사구팽하는 군주 옆에는 어떤 충신도 남아 있지 않습니다. 모든 신하가 언젠가는 자신도 버림받을 수 있다는 불안감으로 살아갈 겁니다.

성공한 사람들은 대부분 성공의 첫째 요건을 인간관계로 꼽습니다. 실제 연구 결과도 이를 증명하지요. 미국 보스턴대학의 헬즈만 교수는 성공과 출세에 가장 중요한 요인이 무엇인지 알기 위해 7세 어린이 450명을 대상으로 40년간 추적 조사를 진행했습니다. 그 결과 성공의 요인은 정서 능력, 즉 대인관계 능력임이 밝혀졌습니다.

미국 퍼듀대학에서는 공학부 졸업생을 대상으로 연봉과 관련된 조사를 진행했습니다. 그 결과 성적이 뛰어난 학생은 그렇지 않은 학생보다 평균 200달러 정도의 연봉을 더 받고 있었습니다. 그런데 대인관계가 뛰어난 그룹의 학생들은 성적이 뛰어난 학생들보다 15퍼센트 많은 연봉을 받고 있었습니다. 연구 결과는 모두 인간관계를 어떻게 맺느냐에 따라 성취도가 달라진다는 사실을 보여 주었습니다.

토사구팽한다는 것은 자신의 목적을 위해 상대를 이용하는 야비한 행동입니다. 이런 마음으로 관계를 맺는다면 그 사람의 주변에 남아 있을 사람은 아무도 없습니다.

여러분도 인간관계에서 어떤 마음으로 상대방을 대하고 있는지 돌아볼 필요가 있습니다. 은혜를 입으면 보답하려고 노력하는지, 자신의 이익을 위해 상대를 이용하는 것은 아닌지 곰곰이 생각해 보길 바랍니다.

세상은 좁습니다. 세계 어느 곳에 있든지 사람들은 6단계만 거치면 연결되어 서로 안면을 틀 수 있다고 합니다. 다시 말해, 당신이 오늘 누군가에게 한 말과 행위는 6단계만 거치면 세계 곳곳에 소문이 날 수 있습니다.

　인간사는 돌고 돌아 자신이 뿌린 씨를 자신이 거두게 됩니다. 토사구팽하면 자신을 지킬 수 없을뿐더러 오히려 삶이 위태로울 수 있는 이유입니다. 그 사실을 기억하며 오늘 자신이 맺고 있는 관계를 점검하길 바랍니다.

제27장 상대를 설득할 때 알아야 할 인간 본성은?

범설지무, 재지식소설지소긍, 이멸기소치.
凡說之務, 在知飾所說之所矜, 而滅其所恥.

무릇 남을 설득할 때는 그가 자랑스럽게 여기는 바를 빛나게 해 주고, 부끄러워하는 점을 없애 주는 것이 중요하다.
― 《한비자》 〈세난(說難)〉 편

"왕의 총애가 미움으로 바뀌면, '맛있는 복숭아를 다 먹지 않고 주었다'는 칭찬이, '먹다 남은 복숭아를 주었다'는 죄로 탈바꿈된다."

지식정보화 시대에도 그렇지만, 4차 산업혁명 시대에는 특히나 의사소통 능력이 중요합니다. 자신의 생각을 효율적으로 전달하는 의사소통 능력은 협업이 중요한 이 시대에 필수적인 능력으로 강조되고 있습니다.

의사소통 능력의 기본은 상대를 설득하는 것입니다. 자신의 메시지를 효과적으로 전달해 상대가 고개를 끄덕이도록 만드는 것입니다. 한비가 살았던 시대에는 상대를 설득하는 능력이 특히 더 필요했습니다. 벼슬을 얻고 싶은 사람은 군주에게 자기주장을 펼쳐야 했고, 사상가들은 자신이 추구하는 정책을 채택해 달라고 군주를 설득해야 했습니다. 이를 '유세'라고 합니다.

그런데 유세를 통해 왕을 설득하는 것이 얼마나 어려웠던지, 한비는 〈세난(說難)〉 편에서 이에 관해 이야기했습니다. 한비도 유세를 통해 한나라 왕을 설득하려 했지만 실패한 경험이 있었습니다. 말 더듬이라는 치명적인 약점 때문이었습니다. 그래서인지 한비는 〈세난〉 편을 통해 왕을 설득하는 어려움과 실패했을 때 닥칠 위험을 자세히 알려주고 있습니다.

＊

옛날 '미자하(彌子瑕)'라는 미소년이 위나라 영공(靈公)에게 총애를 받았다. 위나라 법률에 따르면 군주의 수레를 몰래 탄 자는 발뒤꿈치를 잘리는 형벌을 받아야 했다.

어느 날 미자하의 모친이 병들자, 모친의 이웃이 궁궐에 있던 미자하를 찾아와 이를 은밀히 알려주었다. 놀란 미자하는 군명이라 속이고 군주의 수레를 타고 궁전을 빠져나갔다. 나중에 그 사실을 알게 된 군주는 오히려 미자하를 칭찬하며 말했다.

"효자로다. 어머니를 걱정한 나머지 발이 잘리는 형벌도 잊었구나!"

그 후 미자하는 군주와 함께 과수원을 거닐다가 복숭아를 먹었는데 맛이 매우 달아 먹다 남은 복숭아를 왕에게 바쳤다. 왕이 기뻐하며 말했다.

"미자하는 나를 진정 사랑하는구나. 그 맛있는 것을 다 먹지도 않고 과인에게 주다니."

세월이 흘러 미자하의 미색이 시들자 왕의 총애도 차츰 식어 갔다. 한번은 미자하가 사소한 실수를 하자 왕이 꾸짖으며 말했다.

"이놈은 본래 성품이 좋지 못한 놈이다. 과인의 수레를 몰래 훔쳐 타질 않나, 본인이 먹던 복숭아를 짐에게 먹으라고 건네질 않나."

미자하의 행동은 변함이 없었으나 전에는 칭찬을 받고 후에는 벌을 받았다. 왕의 사랑이 미움으로 바뀌어서 그런 것이다. 미자하가 왕에게 사랑받을 때는 의견을 내는 족족 왕의 마음에 들고 왕과 더욱 친밀한 사이가 되었지만, 왕에게 미움을 받을 때는 아무리 지혜를 짜내도 옳은 말로 들리지 않아 오히려 벌을 받고 왕과 점점 멀어졌다. 따라서 왕에게 간언하거나 왕과 논의하고자 하는 신하는 군주가 좋아하고 싫어하는 것을 미리 살핀 후에 설득해야 한다.

이 이야기는 여도지죄(餘桃之罪)라는 고사성어로 전해집니다. 여도지죄란 '먹다 남은 복숭아를 준 죄'라는 뜻으로, 같은 행동이라도 사랑받을 때와 미움받을 때가 다를 수 있다는 의미로 쓰입니다. 핵심은 군주를 설득하려면 군주의 심리 상태를 파악해야 한다는 것입니다. 똑같은 상황이어도 군주가 자신을 사랑하는지 미워하는지에 따라 결과가 달라질 수 있기 때문입니다. 한비는 이 이야기를 다음과 같이 마무리했습니다.

✳

무릇 용이라는 동물은 유순해서 길들이면 타고 다닐 수도 있다. 그러나 그 턱 밑에 한 자쯤 되는 거꾸로 솟은 비늘이 있는데, 역린(逆鱗)이라는 그것을 건드리면 반드시 죽는다. 군주에게도 역린이 있다. 유세하는 사람이 군주의 역린을 건드리지 않아야 성공을 기대할 수 있다.

한비는 군주를 설득할 때 특별히 군주의 역린을 건드려서는 안 된다고 충고합니다. 이때 군주의 역린이란 군주를 분노케 하는 군주만의 아킬레스건 또는 노여움 자체를 가리킵니다. 그런 군주의 역린을 건드리면 어느 누구도 살아남기가 어렵습니다.

군주뿐만 아니라 모든 사람이 자신만의 역린을 가지고 있습니다. 누군가를 설득할 때 그의 약점이나 아킬레스건처럼 수치심을 느낄 만한 부분을 건드리지 않도록 조심해야 할 이유입니다. 아무리 멋진 논리로 자신의 주장을 펼쳐도 상대를 자극하거나 자존심을 건드리면 원하는 결과를 얻을 수 없습니다. 결국 설득에서 승리하는 비결은 상대의 역린이 무엇인지 미리 파악하고 그것을 건드리지 않는 데 있습니다.

호아킴 데 포사다(Joachim de Posada)와 레이먼드 조(Raymond Joe) 공저로 많은 사랑을 받았던 《바보 빅터》라는 책이 있습니다. 국제멘사협회 회장을 지낸 천재 빅터 세리브리아코프의 삶을 모티브로 쓴 글이죠. 천재인 빅터는 어떻게 바보로 살아가게 되었을까요?

주인공 빅터는 유난히 수줍음이 많고 내성적인 아이였습니다. 더군다나 말까지 더듬어 아이들 사이에서 놀림 대상 1호였죠. IQ 테스트에서 73점을 받은 뒤부터는 '바보 빅터'로 낙인이 찍혔습니다. 학교에서 왕따로 심한 따돌림을 받았지만, 누구 하나 빅터에게 따뜻한 관심을 가져주지 않았습니다. 심지어는 담임선생님마저 "바보에게 공부는 필요 없으니 장사나 배우라"며 학교를 그만둘 것을 종용합니다. 결국 빅터는 학교를 그만두고 온갖 허드렛일을 하며 무려 17년간을 바보로 살아갑니다.

주변에서 많은 이들이 빅터의 콤플렉스를 건드리며 마음에 상처를 주었습니다. 그런 가운데 아버지가 "누가 뭐래도 넌 세상에서 제일 똑똑한 아이야. 마음만 먹으면 무엇이든 할 수 있어"라고 위로했지만, 소용이 없었습니다. 왜냐하면 다른 이들이 무심코 던진 말들이 빅터에게는 역린을 건드린 것과 같았기 때문입니다.

그럼 어떻게 바보로 살던 빅터가 천재의 원래 모습을 찾을 수 있었을까요? 그것은 빅터의 잠재력을 발견하고 그에게 무한한 기회를 주며 끝까지 믿어 준 사람들이 있었기 때문입니다.

사람은 '역린'을 공격당하면 자존감이 낮아지고 삶의 의욕을 잃게 됩니다. 자신도 모르게 자신의 콤플렉스에 집중하게 돼 자신을 지키지 못하고 무너집니다. 당연히 인간관계를 맺는 데도 문제가 생깁니다. 사회적으로 큰 문제를 일으킨 사건의 주인공들을 살펴보면, 예외 없이 역린을 공격당한 어린 시절이 있었습니다. 심한 학대, 언어폭력, 무시 등으로 입은 상처가 분노와 적개심으로 표출된 것입니다. 누군가가 무심코 던진 말, 의도적인 괴롭힘 때문에 자신을 지키지 못하고 무너진 것입니다.

우리는 너무 쉽게 상대의 약점을 공격합니다. 특히 온라인상에서 벌어지는 일들은 사람의 생명을 앗아갈 정도로 무자비합니다. 한 번 약점을 잡으면 끝까지 물고 늘어져, 당사자를 밑바닥까지 밀어

넣고는 절대 일어설 수 없게 만듭니다. 용서의 미덕이라고는 눈곱만큼도 찾아볼 수 없고, 상대가 파멸에 이르러야 직성이 풀리는 것 같습니다. 뉴스를 장식하는 이야기들을 보면 무시무시합니다.

불특정 다수를 향한 무차별적인 공격은 우리 사회를 병들게 하고 결국 부메랑이 되어 자신에게 돌아옵니다. 포용과 용서가 사라진 병든 사회에서 서로가 서로에게 독화살을 쏘는 일은 비일비재합니다. 이런 일들은 사회적 고통이 되고 결국 공격자 자신의 고통으로 돌아옵니다. 그런 사회에서 우리는 다른 사람은커녕 자신조차 지킬 수 없게 됩니다.

상대의 역린을 건드리지 않으려면 어떻게 해야 할까요? 답은 단점보다는 장점을 보는 것입니다. 좋은 점을 보는 데 집중하면 역린은 보이지 않게 됩니다. 그래야 개인도 사회도 건강해질 수 있음을 기억하십시오.

제28장
왜 리더는 솔선수범해야 하는가?

신명, 즉군신수직, 선악불유. 백사불태.
信名, 則君臣守織, 善惡不踰, 百事不怠.
신사, 즉불실천시, 백성불유. 신의, 즉근친권면이원자귀지의.
信事, 則不失天時, 百姓不踰. 信義, 則近親勸勉而遠者歸之矣.

명분에 대해 신의를 지키면 신하들은 자신의 직분을 지키고 선과 악을 어기지 않으며 모든 일을 게을리하지 않을 것이다.
일에 대해 신의를 지키면 하늘이 준 때를 잃지 않고 백성은 자신의 직분을 어기지 않을 것이다. 도의에 대해 신의를 지키면 가까이 있는 자들은 힘써 노력하게 되고 멀리 있는 자들은 귀의하게 될 것이다.
— 《한비자》 〈외저설(外儲說) 좌상〉 편

"군주는 사발과 같고 백성은 물과 같다.
사발이 네모지면 물도 네모지게 되고,
사발이 둥글면 물도 둥글게 된다."

요즘 사회에서 존경할 만한 인물을 찾기가 어려워졌습니다. 참된 리더가 많지 않고, 본받을 만한 인물도 과거보다 많이 줄어든 것 같습니다. 우리는 어떤 리더를 꿈꿉니까? 그럴듯한 말만 늘어놓는 사람입니까?

아닙니다. 우리는 삶으로 모범을 보이며 조직을 이끌 리더를 원합니다. 그런 사람이 참된 리더이지요. 리더를 신뢰하지 못하는 사회에서는 서로에 대해서도 신뢰하지 못합니다. 아무도 믿고 따를 수 없게 됩니다.

이런 고민은 한비가 살았던 시대에도 비슷했습니다. 〈외저설(外儲 說) 좌상〉에서 한비는 군주가 먼저 솔선수범하며 나라를 다스려야 함을 강조합니다.

＊

추(鄒)나라 왕이 갓끈을 길게 매는 것을 좋아하자, 주위에 있는 자들도 모두 갓끈을 길게 매는 바람에 갓끈이 매우 비싸졌다. 추나라 왕이 이를 걱정하며 주위 사람들에게 그 까닭을 물으니 다음과 같은 대답이 돌아왔다. "왕께서 갓끈을 길게 매는 것을 좋아해서 백성들 또한 갓끈을 길게 매는 바람에 갓끈이 비싸진 것입니다."

이 말을 들은 왕은 솔선해 갓끈을 짧게 잘라서 매고 외출했다. 그랬더니 모든 백성들이 갓끈을 짧게 맸다.

한비는 이 이야기를 통해 왕이 먼저 솔선수범해야 백성이 따른다는 메시지를 전했습니다. 왕의 명령만으로는 백성의 복장을 규제하기가 쉽지 않습니다. 추나라 왕이 스스로 갓끈을 잘랐듯, 리더가 솔선수범해야 아랫사람이 따르게 됩니다.

조직에서 가장 중요한 덕목 중 하나가 바로 리더의 솔선수범하는 자세입니다. 〈외저설 좌상〉에는 솔선수범의 중요성을 말하는 또 다른 이야기가 나옵니다.

＊

제(齊)나라 환공이 자주색 옷을 입기 좋아하자 온 백성이 자주색 옷을 입기 시작했다. 그러다 보니 흰색 옷감 다섯 필로도 자주색 옷감 한 필을 사지 못하는 지경에 이르렀다. 제나라 왕은 자주색 옷감이 비싸진 것을 걱정했다. 이를 본 사부(師傅)가 왕에게 말했다.

"《시경》에 '스스로 하지 않고 몸소 하지 않으면 많은 백성은 믿지 않는다'라고 했습니다. 백성들이 자주색 옷을 입지 않기를 왕께서 바라신다면, 대왕 자신부터 자주색 옷을 벗고 조정으로 나가십시오. 신하들 가운데 자주색 옷을 입은 자가 앞으로 나오면 '멀리 가라. 과인은 자주색 옷을 싫어한다'라고 하십시오. 그러면 자주색 옷을 입은 자가 없어질 것입니다."

"군주가 스스로 하지 않고 몸소 하지 않으면 백성은 믿지 않는다." 이 말은 군주에게, "당신 자신부터 똑바로 처신하라"라는 말의 다른 표현입니다.

한비는 솔선수범 정신을 공자의 말을 빌려 다음과 같이 이야기합니다.

"군주는 사발과 같고 백성은 물과 같다. 사발이 네모지면 물도 네모지게 되고, 사발이 둥글면 물도 둥글게 된다(爲人君者猶盂也, 民猶水也. 盂方水方, 盂圓水圓)."

《논어(論語)》〈자로(子路)〉 편에는, 다음과 같이 나라를 다스릴 때 필요한 덕목들이 나옵니다.

＊

어느 날, 자로가 공자에게 정치가 무엇인지 물었다. 그러자 공자가 이렇게 답했다.

"백성에게 솔선수범하는 자세를 보인 다음 그들을 부리는 것이다."

자로가 솔선수범 자세에 대해 자세한 설명을 청하자 공자가 다음과
같이 부연했다.

"게을리하지 말아야 한다."

공자는 군주의 최우선 덕목으로 솔선수범과 부지런함을 꼽았습
니다. 군주가 갖추어야 할 덕목으로 공자와 한비가 공통적으로 꼽
은 것은 솔선수범입니다.

춘추전국 시대뿐만 아니라 지금 이 시대에도 무엇보다 솔선수범
하는 리더가 필요합니다. 리더부터 법과 원칙을 지켜야 합니다. 나
라의 일꾼들은 물론이고, 각종 조직의 리더와 지도층 인사, 하물며
가정의 리더인 부모조차 솔선수범으로 모범을 보여야 합니다. 그
래야 아랫사람이 믿고 따를 수 있습니다.

솔선수범에는 일관성이 필수입니다. 오늘은 이렇게 하고 내일은
저렇게 하면서, "나를 따르라"라고 하면 어느 장단에 맞춰야 할지
혼란스럽지 않겠습니까? 상황에 따라 다르게 원칙이 적용되면 신
뢰는커녕, 불평과 불만만 쌓이게 됩니다. 신뢰를 쌓아 가는 첫걸음
은 일관성을 지키는 것입니다.

국민이 정치인에게 실망하는 가장 큰 이유는 그들의 말과 행동
이 다른 데 있습니다. 특히 선거 전과 후의 모습이 다른데, 자신의
이익에는 민첩하고 국민들이 바라는 법안에는 속도를 내지 않습니
다. 정치적 목적을 다루는 법안은 일사천리로 해결하면서 국민에게
꼭 필요한 법에 자기 일처럼 뛰어드는 정치인은 좀처럼 찾아볼 수

가 없습니다. 그러니 정치인이 존경받지 못하는 겁니다.

리더는 얕팍한 리더십 스킬을 습득하는 것에 만족해서는 안 되며, 일상적으로 솔선수범해야 합니다. 매사에 원칙을 지키는 리더를 모두가 존경하고 따릅니다. 지금 이 시대가 요구하는 인재상은 원칙을 지키며 겉과 속이 똑같은 일관성 있는 사람입니다.

여러분도 스스로 묻고 답해 보세요. 여러분은 원칙을 지키는 사람인가요? 아니면 그때그때 상황에 따라 바뀌는 카멜레온인가요? 그 답이 여러분의 내일을 결정지을 것입니다.

제29장 왜 리더는 비밀 엄수가 중요한가?

천박이이견, 누설이무장, 불능주밀,
淺薄而易見, 漏泄而無藏, 不能周密,
이통군신지어자가망야.
而通群臣之語者可亡也.

경박하여 드러나기 쉽고, 기밀을 누설해 간직하지 못하며, 주도면밀하지
못해 신하들의 말이 새어 나가면 그 나라는 망할 것이다.
– 《한비자》〈망징(亡徵)〉 편

"이 신하의 말을 저 신하에게 누설하는 군주 밑에서는
아무리 지혜가 뛰어난 사람이라 해도
능력을 발휘할 수가 없다."

세상에 비밀은 없습니다. 아무리 비밀스럽게 이야기해도, 언젠가
는 반드시 진실이 드러나기 마련입니다. "낮말은 새가 듣고 밤말은
쥐가 듣는다"라는 속담처럼 말이지요.

"발 없는 말이 천리를 간다"라는 속담은 말이 전파되는 속도가
얼마나 빠른지를 말해 줍니다. 말을 가려서 해야 하고, 비밀스러운
대화는 하지 않는 것이 좋다는 메시지이지요.

한비도 군주라면 평소 말을 가려서 해야 하며, 군주가 자신의 말
을 제대로 다스리지 않으면 비밀이 누설되어 낭패를 보게 된다고
강조했습니다. 〈외저설(外儲說) 우상〉 편의 다음 이야기를 보면 얼마
나 말을 조심해야 하는지 알 수 있습니다.

당계공(堂谿公)이 한(韓)나라 소후(昭侯)에게 말했다.

"지금 천금의 가치가 있는 훌륭한 옥 술잔이 있는데, 밑이 뚫려 있다면 물을 담을 수 있겠습니까?"

소후가 대답했다. "물을 담을 수 없소."

당계공이 다시 물었다. "그러면 흙으로 만든 값싼 그릇이 있는데 밑이 새지 않는다면 술을 담을 수 있겠습니까?"

"물론, 담을 수 있소."

"흙으로 만든 술잔은 보잘것없는 물건이지만, 새지 않으면 술을 담을 수 있습니다. 그러나 천금이나 되는 옥 술잔은 귀한 물건이기는 하지만, 밑이 없어 물을 담을 수 없으니 누가 마실 것을 담으려고 하겠습니까?

군주가 이 신하의 말을 저 신하에게 누설한다면 이는 밑이 없는 옥 배와 다를 바 없어서, 그런 군주 밑에서는 아무리 지혜가 뛰어난 사람이라 해도 능력을 발휘할 수가 없습니다."

"당연한 소리이다."

소후는 당계공의 말을 들은 후로는 천하의 큰일을 실행하고자 할 때, 혼자 자기 방에 들어가 잠자리에 들었다. 왜냐하면 눈을 뜨고 있을 때는 비밀을 지킬 수 있어도, 잠꼬대하다가 비밀을 누설할지 모르는 일이었기 때문이다.

군주가 비밀을 지키지 않으면 제아무리 지혜로운 신하라도 그런 군주와 함께할 수 없습니다. 지혜로운 신하가 간언한 것을 군주가 다른 사람에게 함부로 퍼뜨린다고 생각해 보십시오. 그러면 지혜로운 신하는 다른 신하들의 시기의 대상이 될 것입니다.

약육강식하던 춘추전국 시대에 신하들은 남을 모함하고 비난함으로써 자신의 자리를 지키려고 했습니다. 그런데 군주가 신하의 말을 지켜 주지 못하고 떠벌리면, 지혜로운 신하가 설 곳은 없게 됩니다. 호시탐탐 틈을 노리는 신하들의 표적이 되어 결국 자리에서 쫓겨날 것이 분명합니다. 그리되면 군주는 지혜로운 신하를 잃을 것입니다.

한비는 군주와 신하의 관계를 정확히 꿰뚫고는 군주가 비밀을 지키는 데 힘써야 한다고 강조했습니다. 〈삼수(三守)〉 편에는 군주가 신하의 말을 지켜 주어야 하는 또 다른 이유가 나옵니다.

✳

군주에게 반드시 지켜야 할 세 가지 원칙이 있는데, 첫째는 비밀을 누설하지 않는 것이다. 신하는 군주에게 중요한 정책 담당자의 잘못과 명성 높은 다른 신하의 속사정을 고하며 의논할 수 있다. 그런데 군주가 그 말을 마음속에 담아 두지 않고 자신이 총애하는 신하에게 누설한다면, 감히 군주에게 간언할 신하는 없을 것이다. 왜냐하면 간언한 신하는 군주가 총애하는 신하에게 미움받을 수도 있기 때문이다. 그리되면 군주는 정직하고 곧은 말을 하는 신하를 만날 수 없으며, 충성스럽고 정직한 이들은 나날이 군주 곁에서 멀어질 것이다.

삼수(三守)란 군주가 지켜야 할 세 가지 정치 원칙을 말합니다. 그 첫째가 비밀을 누설하지 않는 것입니다. 비밀이 지켜지지 않는데 죽음을 무릅쓰고 군주를 찾아올 신하는 없을 겁니다. 모두 자기 몸을 지키기 위해 눈치만 볼 것이 뻔합니다. 그렇게 신하들이 눈치만 보고 몸을 사리면 결국에는 군주도 자신의 자리를 온전히 지켜 나갈 수 없다는 것이 한비의 주장입니다.

〈외저설 우상〉 편에서 한비는 비밀이 지켜지지 않을 때 어떤 일이 벌어질지, 예화를 들어 이야기합니다.

*

서수는 천하의 명장으로 양(梁)나라 신하였다. 진(秦)나라 왕이 서수를 얻어 함께 천하를 다스리려고 했으나 서수는, "신은 양나라 신하이므로 이 나라를 떠날 수 없습니다"라고 말하며 거절했다.

그로부터 1년 후 서수는 양나라에서 죄를 짓고 진나라로 달아났다. 진나라 왕이 서수를 대단히 우대했다. 이때 저리질이라는 진나라 장수는 서수가 자신의 자리를 빼앗지 않을까 염려해 왕이 밀담하는 방문에 구멍을 뚫고 엿들었다. 오래지 않아 왕은 서수와 일을 도모하며 이렇게 물었다.

"나는 한(韓)나라를 치려고 하는데 어떻겠소?"

서수가 말했다.

"가을이면 좋을 것 같습니다."

"나는 나랏일을 그대에게 일임하고자 하는데, 이 일은 아무에게도 누설해서는 안 되오."

서수는 두 번 절하며 무슨 일이 있어도 비밀을 지키겠다고 맹세했다.

이때 구멍을 통해 이 말을 엿들은 저리질이 소문을 퍼뜨렸다.

"가을에 군사를 일으켜 한나라를 치고 서수는 장수가 될 것이다."

그 후 모든 사람이 이 사실을 알게 되자 왕은 저리질을 불러 물었다.

"이 무슨 소란인가! 어디에서 이런 말이 새어 나왔단 말이냐?"

저리질이 말했다.

"아마도 서수인 듯합니다."

왕이 다시 말했다.

"나는 서수와 그런 이야기를 한 적이 없다. 그런데 서수가 누설했다니 그게 무슨 말이냐?"

이에 저리질이 대답했다.

"서수는 타국에서 죄를 짓고 도망쳐 온 자이므로 고독했습니다. 때문에 세력을 얻으려고 많은 사람에게 이 일을 자랑했을 것입니다."

왕은 그 말이 일리가 있다고 생각하고 서수를 찾았지만 서수는 형세가 불리하다는 것을 알고 이미 타국으로 달아난 뒤였다.

한비가 걱정한 일이 그대로 일어났습니다. 한 신하가 다른 신하를 시기하고 모함했고, 군주는 결국 유능한 인재를 잃었습니다. 군주가 일부러 비밀을 털어놓으려고 하지 않아도 궁중의 이야기는 누군가 듣게 됩니다. 천자문(千字文)에도 그런 내용이 있습니다.

"쉽고 가볍게 하는 것을 두려워해야 하니, 담장에 귀가 붙어 있기에 그렇다(易輶攸畏, 屬耳垣墻)."

권력 다툼으로 혈안이 된 궁궐에는 곳곳에 귀가 있어서, 아무리 비밀스러운 말도 새어 나가기 마련입니다. 그래서 한비는 군주가 잠자리에서 잠꼬대로 이야기할 수도 있으니 혼자 자야 한다고 말한 겁니다.

군주가 비밀을 지켜야 신하들이 군주에게 자신의 생각을 허심탄회하게 이야기할 수 있습니다. 신하는 군주가 비밀을 지켜 줄 것이라는 믿음이 생겨야 나라를 위해 필요한 이야기를 마음놓고 할 수 있습니다.

비밀을 지키는 것은 결코 쉽지 않습니다. 임금님의 귀가 당나귀 귀가 된 것을 오죽 말하고 싶었으면 동굴로 가서 소리를 쳤겠습니까? 그래도 비밀은 지켜져야 합니다. 비밀을 지킬 때 신뢰가 쌓이고 믿음을 주는 관계로 발전합니다.

좋은 관계를 오래 유지하고 싶다면, 상대의 비밀은 감싸 주고 장점은 칭찬해 주십시오. 자신을 돋보이게 하려고 상대의 약점을 공공연하게 떠들면 결코 좋은 관계를 만들 수 없습니다.

치열한 경쟁의 시대이지만, 경쟁은 정정당당하게 이루어져야 합니다. 진정한 승자는 남의 약점을 짓밟고 이긴 비열한 승자가 아니라, 자신의 노력과 능력으로 승리를 쟁취한 사람입니다. 상대의 비밀은 지켜 주고 자신의 장점으로 승부를 거십시오. 그런 사람이 오래도록 인정받는 인재가 될 수 있습니다.

소신성즉대신립, 고명주적어신.
小信成則大信立, 故明主積於信.

작은 믿음이 이루어지면 큰 믿음이 확립된다. 그러므로 현명한 군주는 신
의를 쌓는 데 힘쓴다.
- 《한비자》〈외저설(外儲說) 좌상〉 편

"아이는 부모를 흉내내고 배우기 마련인데,
부모가 아이를 속이고 그래서 결국 아이가 부모를
믿지 않게 되면 자녀 교육은 실패할 수밖에 없다."

상호간에 소통하며 관계를 맺기 힘든 시대가 되었습니다. 서로 얼굴을 맞대고 갑론을박하며 조금이라도 좋은 결정을 내리는 의사결정 구조를 가지면 좋겠지만 그렇지 못할 때가 많습니다.

우리 사회는 상대의 의견을 경청하고 자신의 주장을 논리적으로 펼치는 것이 익숙하지 않습니다. 특히 SNS로 소통하는 일이 많아진 요즘, 가족들이 모여 식사할 때도 스마트폰만 봅니다. 사랑이 싹트며 깨가 쏟아져야 할 연인들도 SNS로 의견을 주고받습니다. 1인 가구 증가로 혼자 식사하는 사람들도 더욱 많아졌습니다.

개인화가 심해지니 상대를 배려하기보다 자기 입장에서 생각할 때가 많습니다. 그러다 보니 원만한 관계 맺기에 어려움을 토로하는 사람들도 많아졌습니다. 서로 마음을 주고받으며 신뢰감을 쌓아 가야 하는데 그렇지 못합니다. 인간관계의 가장 중요한 바탕인 신뢰가 잘 형성되지 않는 현실이 참으로 안타까울 따름입니다.

〈외저설(外儲說) 좌상〉 편에는 서로에게 믿음을 주는 것이 얼마나 중요한지를 보여 주는 일화가 나옵니다.

＊

진(晉)나라 문공(文公)은 원(原)이라는 지역을 공격할 때, 장병들에게 열흘분의 식량을 분배하면서 열흘 안에 성을 함락하기로 기한을 정했다. 그러나 원을 공격한 지 열흘이 되어도 성을 함락하지 못하자 약속한 대로 군대를 철수하려고 했다. 그때 마침 성안으로 들여보냈던 첩자가 돌아와 이렇게 보고했다.

"원은 앞으로 사흘만 지나면 항복할 것입니다."

그 말을 들은 신하들이 말했다.

"원은 식량도 떨어지고 병사들도 지쳤다고 하니, 좀 더 기다리는 것이 좋을 줄 압니다."

문공이 말했다.

"과인은 군사들과 열흘 안에 성을 함락하겠다고 약속했다. 그러므로 지금 퇴각하지 않으면 과인은 신의가 없는 사람이 되고 말 것이다. 원을 얻을 수 있을지는 모르나 나는 신의를 잃어버릴 일만은 하지 않을 것이다."

문공은 마침내 병사를 거두어 돌아갔다. 원 사람들이 이 소식을 듣고는, "그와 같은 신의 있는 군주에게라면, 항복하지 않을 수 있겠는가?"

라며 문공에게 항복했다. 위(衛)나라 사람들도 이 소식을 듣고는, "그와 같은 신의 있는 군주라면, 따르지 않을 수 있겠는가?"라며, 문공에게 항복했다.

군주가 신의(信義)를 지키는 것이 얼마나 어려운 일인지 알 수 있는 글입니다. 한번 생각해 보십시오. 다 이긴 전쟁을 신의를 지킨다는 이유로 포기할 사람이 몇이나 될까요?

나중에 또다시 성을 차지하려면 많은 희생과 대가를 치러야 했습니다. 그런데도 문공은 군사들과 한 약속을 지켰습니다. 그 모습에 적국의 병사들이 감동했습니다. 그런 군주에게라면 자신들의 모든 것을 맡겨도 된다고 여긴 것입니다. 문공은 자기 군사들에게 신의를 지켰을 뿐만 아니라, 상대편 군사들의 마음까지 얻었습니다. 일거양득입니다.

한비는 이 이야기를 마무리하며 공자의 이야기를 덧붙였습니다. "원을 공격해 위나라까지 얻은 것은 신의가 있었기 때문이다."

이것이 신의의 위력입니다. 신의에는 싸우지 않고도 한 나라를 얻을 수 있는 힘이 있습니다.

군주가 신의를 지키는 것도 어렵지만, 친구 간에 신의를 지키는 것도 쉽지 않습니다. 오히려 더 어려울 수 있는 것이, 편한 관계에서는 쉽게 생각하고 쉽게 행동할 수 있기 때문입니다. 〈외저설 좌상〉편에는 친구 간에 신의를 지키는 것이 얼마나 중요한지를 일깨우는 이야기가 나옵니다.

　　　　　　　　　　＊

　오기(吳起)가 외출했다가 친구를 만나자, 식사를 대접하겠다며 집으로 초대했다. 친구가 말했다.

　"좋아. 그런데 지금은 볼일이 있어서 갈 수 없으니, 자네 먼저 집으로 가서 기다려 주게."

　오기가 말했다.

　"자네가 올 때까지 먹지 않고 기다리겠네."

　둘은 일단 헤어졌고 집에 돌아온 오기는 친구가 올 때까지 기다렸다. 그러나 저녁이 지나도 친구는 오지 않았다. 오기는 밥을 먹지 않고 기다렸다.

　다음 날 아침, 오기는 사람을 시켜 친구를 찾아오도록 했다. 친구가 오자 둘은 비로소 함께 식사를 했다.

　오기는 지나가며 가볍게 던진 말을 지켰습니다. 배가 고픈 것을 이겨 내며 친구를 기다렸습니다. 기다린다고 한 자신의 말에 끝까지 책임을 졌습니다. 신의는 이런 것입니다. 가벼운 말이라도 그 말에 책임지고 믿음으로 지켜 나가는 것입니다. 그럴 때 신의 있는 사람이 됩니다.

　한비는 부모 자식 사이에도 신의를 지켜야 한다고 했습니다. 부모는 자식에게 자신이 내뱉은 말에 책임지는 행동을 해야 합니다. 그러나 자녀를 키우다 보면 그게 얼마나 힘든 일인지 잘 알 것입니다. 그래서 더욱 〈외저설 좌상〉 편에 나오는 다음 이야기를 깊이 생각해 볼 필요가 있습니다.

*

증자(曾子)의 아내는 시장에 가려는데 아들이 따라 나오며 울자 이렇게 말했다.

"넌 집으로 돌아가거라. 내가 시장 갔다가 와서 돼지를 삶아 주마."

아이의 어머니는 아이를 간신히 달래고 시장으로 갔다. 얼마 후, 시장에서 돌아와 보니 남편인 증자가 돼지를 잡으려 하고 있었다. 아내가 말리며 이렇게 말했다.

"그저 아이를 달래려고 한 말인데, 정말 돼지를 잡으시면 어쩝니까?"

증자가 말했다.

"아무리 어린아이라지만, 거짓말을 해서는 안 되오. 아이는 지식이 없으니 부모를 흉내내고 배우기 마련인데, 당신이 어머니로서 아들을 속이고 그래서 결국 아들이 어머니를 믿지 않게 되면 앞으로 어떻게 교육을 시킬 수 있단 말이오?"

그러고는 돼지를 잡아 삶았다.

《한비자》에 나오는 한비 사상의 핵심은 인간관계에 정확히 부합합니다. 한비는 군주와 신하, 백성 간의 관계를 정확히 꿰뚫고는 눈만 뜨면 먹고 먹히는 춘추전국 시대를 어떻게 헤쳐 나가야 할지, 그 지혜를 알려 주었습니다. 혼란의 시대를 살아 내야 했던 그들은 온통 자신에게 이익이 되는 것에만 집중하며 살았습니다.

충분히 이해할 만한 상황이지만, 한비는 그런데도 신의를 지켜야 한다고 강조했습니다. 관계를 회복하고 나라를 일으키고, 가정 교육을 세우는 기본은 바로 신의를 지키는 것이기 때문입니다.

우리는 현재 어떻게 관계를 맺고 있는지 각자 돌아볼 필요가 있습니다. 춘추전국 시대에 살았던 사람들처럼 이해관계만을 따지고 있습니까? 내가 손해 보는 행동은 하지 않고 이익이 되는 일에만 몰두하고 있습니까?

인간관계에서 이해관계만을 따지고 있다면, 이제 방향을 틀어 믿음을 주는 관계를 만드십시오. 때로는 손해 볼 때가 있더라도 자신이 한 말에 책임지고 상대방 입장에서 생각하며 관계를 맺어야 합니다. 상대에게 신뢰를 주는 행동이 곧 자신을 지키고 목표를 성취하는 길입니다.

제4부

정

靜

고요히 내면의 힘을 기르는 비결

제31장

왜, 너 자신을 알라, 인가?

고지지난, 부재견인, 재자견.
故知之難, 不在見人, 在自見.

고로, 아는 것의 어려움은 남을 보는 것이 아니라 자신을 보는 것이다.
– 《한비자》〈유로(喩老)〉 편

"눈은 백 보 앞을 내다볼 수 있으나 가까이에 있는
제 눈썹은 보지 못한다. 사람의 지혜라는 것이
그와 같다."

혼란한 시대일수록 멀리 내다보는 지혜가 더욱 필요합니다. 사물의 작은 싹을 보고 전체를 관통해 내는 능력도 필요합니다. 요컨대, 앞으로 세상이 어떻게 변화될지 읽어 내는 안목을 갖추라는 것입니다. 세상의 변화를 읽어 내려면, 그보다 먼저 선행되어야 할 것이 있는데, 바로 자신을 아는 것입니다.

《손자병법》에는 "상대를 알고 나를 알면 백번 싸워도 위태롭지 않다(知彼知己 百戰不殆)"라는 말이 있습니다. 싸움에서 승리하려면 상대를 분석하는 것도 중요하지만, 자신에 대해 잘 알아야 한다는 이야기입니다.

대부분의 군주는 자신에 대해 잘 모른다고 한비는 말했습니다. 대체 무슨 소리인지, 〈유로(喩老)〉 편을 통해 자세히 살펴보겠습니다.

＊

초나라 위왕(威王)이 월나라를 정벌하려고 하자 신하인 두자(杜子)가 간언했다.

"왕께서는 무엇 때문에 월나라를 정벌하려고 하십니까?"

왕이 말했다.

"지금 월나라는 정치가 어지럽고 병력이 약화되었기 때문이다."

두자가 말했다.

"신은 어리석으나 지혜라는 것은 눈과 같은 것이라 생각합니다. 눈은 백 보 앞을 내다볼 수 있으나 가까이에 있는 제 눈썹은 보지 못합니다. 지금 폐하의 군사들은 진(秦)나라와 진(晉)나라에 패배해 수백 리에 달하는 영토를 잃었습니다. 또 장교(莊蹻)라는 자가 국내를 횡행하며 도둑질을 일삼아도 관리가 그것을 잡지 못하고 있는 형편입니다. 이는 정치가 문란해졌다는 증거입니다.

폐하의 병력이 약하고 정치가 어지러운 것은 월나라보다 더하면 더했지 덜하지 않을 것입니다. 그런데도 월나라를 정벌하겠다고 하시니, 이는 눈이 눈썹을 보지 못함과 다를 바 없습니다."

이에 위왕은 월나라를 공격하려는 계획을 멈추었다. 자신 외의 다른 대상을 보는 것은 어렵지 않으나, 자기 자신의 일을 보는 데는 매우 어둡다. 무릇 사람의 지혜라는 것이 그렇다.

그래서 노자는 "자기 자신을 잘 볼 줄 아는 것이 명(明)이다"라고 말했다.

〈유로〉편은 한비가 역사적인 고사들을 노자 사상과 비교함으로써 자신의 정치 철학과 사상을 나타낸 책입니다. 위대한 노자의 사상을 빌려 한비 자신의 철학을 부각시키려는 의도가 담겨 있습니다. 여기서 한비는 "지식의 어려움은 다른 사람을 보는 데 있지 않고 자신을 보는 데 있다"라고 말했습니다. 즉, 자신을 살필 수 있는 것이 진짜 지식이라는 것입니다. 군주는 다른 나라보다 자신이 다스리고 있는 나라를 더 잘 알아야 합니다.

군주뿐만 아니라 많은 사람이 초나라 위왕처럼 다른 사람의 장단점을 훤히 꿰뚫습니다. 하지만 자신이 좋아하고 싫어하는 것에는 둔합니다. 자신이 진정으로 원하는 게 무엇인지, 어떤 삶을 살고 싶은지 깊이 생각하지 않습니다. 성공한 사람들을 보며, 그저 그들처럼 돈 많이 벌어서 잘살고 싶다는 생각밖에는 하지 않습니다.

인생의 갈림길에 서 있을 때 많은 사람이 다른 사람의 조언에 기댑니다. 자신의 생각과 판단에 집중하는 사람은 별로 없어 보입니다. 다른 누군가가 자신을 이끌어 주기를 은근히 바라는 것입니다. 그러나 다른 사람의 조언에 의한 선택은 언젠가 후회막심할 수 있습니다.

〈십과(十過)〉편에서 한비는 개인뿐만 아니라 나라의 흥망성쇠도 이와 다르지 않다고 말합니다.

＊

옛날 진(秦)나라가 한(韓)나라의 의양(宜陽)을 공격해 한이 매우 위급하게 되었다. 이때 재상 공중붕(公仲朋)이 한나라 군주에게 말했다.

"동맹국도 믿을 수 없습니다. 그러니 장의(張儀)의 말처럼 진나라와 화해하는 것이 좋을 듯싶습니다. 그러려면 진나라에 큰 도읍을 뇌물로 바치고 진과 한편이 되어 남쪽으로 가서 초나라를 정벌하십시오. 그럼 우리나라는 진나라로부터 공격당하는 근심에서 벗어날 수 있고, 진나라에 의해 입게 될 해는 초나라로 옮겨질 것입니다."

한나라 군주는 이 의견에 찬성하고 공중붕에게 명해 진나라에 양국의 평화조약을 제의하도록 했다. 초나라 왕은 이 말을 듣고 걱정돼 진 진(陳軫)을 불러 말했다.

"지금 한나라의 공중붕이 서쪽으로 가 진나라와 동맹을 맺으려 하는데, 장차 어찌하면 좋겠소?"

진진이 대답했다.

"한이 진나라에 도읍을 바치고 그들과 한편이 되어 우리 초나라를 치려고 하는데, 이는 진왕이 일찍이 종묘 앞에서 축원하던 일이므로 우리로서는 도저히 해를 면할 길이 없습니다. 그러니 왕께서는 급히 한나라에 사신을 보내 예물을 바치고 '우리나라는 소국이지만, 귀국을 돕기 위해 많은 군사를 일으켰습니다. 그러니 귀국은 진나라를 상대로 마음껏 뜻을 펼치십시오. 그리고 사신을 파견해 우리 초나라의 병력 상태를 살펴보시기 바랍니다'라고 하십시오."

이리하여 초왕이 한나라에 사신을 보내자 한왕은 좋아하며 초나라에 사람을 보내 실정을 살피도록 했다. 초왕은 전차와 기병을 즐비하게 세워 놓고 한나라 사신에게 말했다.

"군주께 말씀드려 주시오. 우리 군대는 즉시 국경으로 들어가겠소."

사신이 돌아와 보고하자, 한나라 군주는 매우 기뻐하며 공중붕이 진나라로 들어가는 일을 중지시켰다. 이에 공중붕이 말했다.

"안 됩니다. 실력으로 우리를 칠 나라는 진이요, 말만으로 우리나라를 구하는 것은 초입니다. 초나라의 빈말을 믿고 눈앞에 다가온 진나라의 강력한 화를 경시한다는 것은 나라를 위태롭게 하는 일입니다."

그러나 한나라 왕은 듣지 않았다. 공중붕은 화가 나서 집으로 물러나 열흘이 넘도록 조정에 나가지 않았다. 그러는 동안 진의 의양 공격이 더욱 격렬해지자 한나라 왕은 초나라에 사자를 보내 구원병을 청했다. 하지만 초나라 구원병은 끝내 오지 않았고, 의양은 마침내 함락되었다. 한나라 왕은 천하의 웃음거리가 되고 말았다.

이어서 한비는 이렇게 이야기했습니다. "자신의 역량을 헤아려 보지 않고 다른 제후의 힘에 기대려고 하면 영토를 잃는 재난이 발생할 것이다."

〈십과(十過)〉 편은 군주가 나라를 다스리면서 범하는 열 가지 잘못에 관한 이야기입니다. 그중 이 이야기는 자신의 힘을 믿지 않고 힘 있는 세력에 의지하면 나라가 망한다는 메시지를 전하고 있습니다. 자신을 살피지 않고 다른 누군가의 힘에 기대려는 태도를 비꼬고 있습니다.

저는 강의할 때 수강생들에게 이런 질문을 자주 던집니다. "내비게이션 검색으로 원하는 목적지까지 효과적으로 가기 위해 가장 중요한 덕목은 무엇일까?"

많은 사람이 목적지를 입력하는 것이라고 답합니다. 어떤 사람은 내비게이션이 최신 제품이어야 한다고 답합니다. 별별 답들이 쏟아져 나오지만 저는 고개를 가로젓습니다. 제 답은 현재 위치를 아는 것입니다.

자동차 내비게이션은 인공위성이 현재 위치를 자동적으로 인식하므로 따로 입력할 필요가 없지만, 포털 사이트에서는 출발 지점을 입력해야 목적지까지 경로가 탐색됩니다. 목적지도 중요하지만 출발 지점을 입력하는 것이 먼저입니다.

자신의 인생 목표를 이루어 가는 것도 마찬가지로, 목적지보다 현재 자신의 위치를 아는 것이 더 중요합니다. 여러분은 어떤 사람이며, 지금 어떤 상태에 있습니까? 현재 상태가 정확히 파악돼야 목적지 탐색도, 목적지까지의 경로 탐색도 제대로 이루어집니다.

독일 철학자 쇼펜하우어는 이런 독설을 날렸습니다. "우리는 남과 같아지기 위해 자신의 4분의 3을 잃어버린다."

자신이 원하는 삶을 찾고 발견하기보다 누군가를 따라 하는 데 대부분의 시간을 보내며 살아간다는 뜻입니다. 다른 사람의 뒤꽁무니를 따르다가 힘든 일이 생기면 쉽게 그 길을 포기하고 또 다른 목표를 찾아 여기저기 기웃거립니다.

자신이 정말 원하는 삶을 살아가려면 먼저 자신을 볼 줄 알아야 합니다. 자기 내면에서 울리는 소리를 듣고 반응하는 자세가 필요합니다. 자기 내면을 보지 않고서 목적지만을 향해 걸어간다면 언젠가는 주저앉고 후회할 것입니다. 그래서 한비는 말합니다. 자신을 볼 줄 아는 오늘이 밝은 내일을 선물해 준다고 말입니다.

어떻게 바른 가치관을 세우나?

지사불습하이우군, 성인불견공이접상.
智士不襲下而遇君, 聖人不見功而接上.

지자는 낮은 지위에서 순차적으로 오르지 않고도 군주에게 학식과 인격이 알려져 대우를 받으며, 성인은 공적을 과시하지 않고도 군주의 측근이 된다.
- 《한비자》〈문전(問田)〉 편

"소인(간신)의 악은 뚜렷하다. 이권에 얽매여
추한 짓을 하고, 윤리에 어긋나는 일을 태연히 범하며,
사리사욕에 어두워 공익을 말살하고, 현명한 정책을
방해해 나라를 병들게 한다."

우리는 수많은 선택을 하며 목적지를 향해 나아갑니다. 그리고
오늘 어떤 선택을 하느냐가 그 성패를 좌우합니다. 그 선택의 근간
이 되는 것이 가치입니다. 가치는 값어치의 다른 표현이지요. 즉, 선
택의 갈림길에서 어떤 것에 제일 높은 값어치를 매기느냐가 성패의
관건이라는 소리입니다.

〈간겁시신(姦劫弑臣)〉 편에는 내면에 품고 있는 가치가 어떻게 발현
되는지를 말해 주는 대목이 나옵니다.

　　　　　　　　　*

초나라 장왕(莊王)의 동생 춘신군(春申君)에게는 여(余)라는 애첩과 정
실부인이 낳은 갑(甲)이라는 아들이 있었다. 애첩 여는 춘신군이 정실

부인을 버리게 하려고, 스스로 몸에 상처를 내서 그에게 보이며 눈물로 호소했다.

"당신을 섬길 수 있게 된 것은 소첩으로서는 매우 큰 행운입니다. 그렇지만 정실부인의 뜻을 따르고자 하면 당신을 섬길 수 없고, 당신의 뜻을 따르면 정실부인을 거스르게 됩니다. 소첩이 어리석은 까닭에 두 주인을 섬기기에는 역부족인 듯합니다. 두 분을 모두 섬길 수 없는 상황이라 부인에게 죽임을 당하느니 차라리 당신 앞에서 죽겠습니다. 만일 당신 곁에 또다시 총애하는 여인이 있게 된다면, 바라옵건대 이 일을 잘 살피시어 사람들에게 비웃음당하는 일이 없도록 하십시오."

춘신군은 애첩 여가 꾸며 낸 말만 믿고 정실부인을 버렸다. 여는 또다시 갑을 없애고 자기 아들이 대를 잇게 하려고, 자신의 옷을 찢어 춘신군에게 내보이며 눈물로 호소했다.

"소첩이 당신의 총애를 받아온 지 오래됐으니 갑이 모를 리 없을 텐데, 오늘 그가 소첩을 강제로 희롱하려고 해서 그와 다투다가 옷이 이 지경으로 찢어지고 말았습니다. 자식 된 자로서 이보다 더 큰 불효가 어디 있겠습니까?"

춘신군은 여의 말만 믿고 분노해 갑을 죽였다. 춘신군은 첩인 여의 거짓 농간에 정실부인을 버리고 아들을 죽이는 큰 과오를 범했다.

이처럼 부모 자식 사이에도 모함으로 죽고 죽이는 일이 있는데 하물며 이익 관계로 맺어진 군주와 신하 사이에는 더한 음모와 간계가 난무하지 않겠습니까? 한비는 부모 자식을 빗대어, 자기 이익을 우선하고 안정된 삶을 추구하려는 사람의 본성을 드러냈습니다. 자기 이익을 위해서라면 해서는 안 될 일도 저지르는 존재가 바로 사람입니다.

간겁시신이란 간사한 계략으로 군주를 시해하는 신하를 뜻합니다. 간신들은 군주가 옳다고 여기는 것에 찬성하고 그르다고 생각하는 것에 반대하며 군주의 비위를 맞춥니다. 그리해서 군주의 신임과 총애를 받아 자신의 욕심을 채운 뒤에는 결국 군주에게 위험과 해를 끼치는 인물이 되고 맙니다. 이처럼 간신은 자신의 욕심을 채우기 위해 수단과 방법을 가리지 않습니다.

〈설림(說林) 상〉 편에서 한비는 그런 모습을 적나라하게 보여 주며 순진하게 사람을 믿는 이들에게 정신을 차리라고 촉구합니다.

＊

위(衛)나라 사람이 딸을 시집보내면서 다음과 같이 가르쳤다.

"반드시 네 재산을 따로 모아 두어라. 다른 사람의 부인이 되었다가 내쫓기는 일이 비일비재하고, 죽을 때까지 함께 사는 것은 요행이다."

그리하여 그녀는 은밀하게 재산을 모았는데, 며느리의 개인 재산이 많다고 생각한 시어머니에 의해 결국 쫓겨나게 되었다. 친정으로 돌아온 딸의 재산은 시집갈 때 가지고 간 것의 두 배가 되었다. 아버지는 자식을 잘못 가르친 것을 죄스러워하기는커녕 자신이 총명해서 자식이 재산을 늘렸다고 생각하고 좋아했다.

한비는 이 이야기를 이렇게 마무리합니다. "지금 벼슬자리에 있는 자들은 모두 이런 무리이다." 집안 살림보다 자기 재산 불리는 일에 혈안이 되었던 부인처럼, 당시 신하들은 국정을 돌보는 일보다 자기 재산을 불리고 일신의 영화를 도모하는 일에 온 힘을 쏟아부었습니다. 이런 신하들이 많은 나라에 희망은 없습니다.

우리나라 역사만 보아도, 간신들이 득세할 때 나라는 매우 어지러웠습니다. 백성들의 삶이 피폐해질수록, 간신들의 배는 점점 불렀습니다. 율곡 이이는 간신을 없애야 하는 이유를 《동호문답》에서 이렇게 밝혔습니다.

"소인(간신)의 악은 세상에 뚜렷하다. 이권에 얽매여 추한 짓을 하고, 윤리에 어긋나는 일을 태연히 범하며, 사리사욕에 어두워 공익을 말살하고, 현명한 정책을 방해해 나라를 병들게 한다. 그 모든 허물을, 그 모든 죄악을, 어찌 다 셀 수 있으랴? (······) 간신을 남김없이 소탕해 나라의 원기를 보호해야 한다. 그렇지 못하면 군자는 나라를 믿을 수 없어 충성하지 않으며, 평민은 기강을 업신여겨 자기 이익에만 골몰할 것이니, 나라이지만 나라가 아니게 되고 말리라."

지금도 누군가에게 기대어 이익을 취하려는 사람이 많습니다. 힘을 합쳐 사업을 하고 연구를 했는데 핵심만 뽑아 도망치는 사람들의 이야기가 끊이질 않습니다. 회사에서도 틈만 나면 자신의 이익 챙기기에 급급한 사람들이 너무나 많습니다. 대체 왜 그러는 걸까요?

바람직한 가치가 내면화되지 않아서 그렇습니다. 가치는 그 자체가 목적이 되는 목적가치와 그 수단이 되는 수단(도구)가치로 나눕니다. 평등이나 사회정의 같은 것은 그 자체가 목적이 되므로 목적가치에 해당합니다. 반면, 수단가치는 목적을 이루기 위한 도구적인 요소입니다. 우리에겐 목적가치가 있어야 합니다. 수단을 목적으로 삼으면 삶은 불행해집니다.

많은 사람이 그토록 열망하는 돈은 수단이 될 수도 있고 목적이 될 수도 있습니다. 돈이 목적이 되면 우리 삶은 돈의 노예로 전락해, 한비가 말하는 간신들의 삶과 같게 될 가능성이 큽니다. 자본주의 사회에서 돈을 벌어야 하지 않느냐고 반문할 수 있습니다. 공부하고 자기계발하는 것도 다 먹고살기 위한 것 아니냐고 목소리를 높일 수 있습니다.

돈 자체를 부정하는 것이 아니라, 돈이 목적이 되는 것을 경계하는 것입니다. 돈이 목적이 되면 수단과 방법을 가리지 않고 돈을 모으게 되고, 돈에 의해 삶이 통제되게 됩니다. 반면 목적을 이루는 수단으로 돈을 사용하면, 삶의 주인으로서 돈을 통제하며 삶을 다스리며 살아갈 수 있습니다.

여러분도 자신의 내면을 자세히 들여다보십시오. 내면 깊숙이 침잠해 있는 가치는 무엇인가요? 그 가치에 따라 오늘과 내일의 삶이 결정된다는 것을 기억하십시오.

제33장

왜 '소탐'의 유혹에서 벗어나야 하나?

유인욕, 즉계회란. 계회란, 이유욕심. 유욕심, 즉사심승.
人有欲, 則計會亂. 計會亂, 而有欲甚. 有欲甚, 則邪心勝.
사심승, 즉사경절. 사경절, 즉화난생.
邪心勝, 則事經絶. 事經絶, 則禍難生.

사람이 욕심을 가지면 생각이 흐트러지고, 생각이 흐트러지면 욕심이 불불고, 욕심이 불불으면 사악한 마음이 강해지고, 사악한 마음이 강해지면 일을 경솔히 하게 되며, 일을 경솔히 하면 화가 뒤따른다.
- 《한비자》〈해로(解老)〉 편

"너는 옥을 보물로 생각하지만, 나는 너의 옥을
받지 않는 것을 보물로 생각한다."

내면의 힘을 기르려면, 작은 욕심을 다스리는 것이 필수입니다. 작은 욕심이 생각을 흐트러뜨리면, 사악한 마음이 강해져 일을 그르치게 됩니다. 작은 것을 탐하다가 큰 것을 잃는다는 뜻의 소탐대실(小貪大失)을 생각해 보십시오.

"대체 누가 작은 것을 탐하다가 큰 것을 잃겠어?"라며 말도 안 된다고 할 수 있겠지만, 춘추전국 시대에는 이런 일들이 비일비재했습니다. 〈십과(十過)〉 편의 다음 이야기를 보면 고개가 끄덕여질 것입니다.

*

진(晉)나라 헌공(獻供)이 우(虞)나라로부터 길을 빌려 괵(虢)나라를 치려고 했다. 그때 헌공의 신하 순식(荀息)이 말했다.

"군주께서 수극(垂棘) 땅에서 난 벽옥과 굴(屈) 땅에서 난 명마를 우공(虞公)에게 뇌물로 주고 길을 빌려 달라고 하면 반드시 우리에게 길을 빌려줄 것입니다."

헌공이 말했다.

"수극의 옥은 우리 조상의 보배이며 굴 땅의 명마는 과인의 준마이다. 만약 우공이 그것만 받고 길을 빌려주지 않으면 어떻게 하겠는가?"

순식이 대답했다.

"우공이 길을 빌려줄 생각이 없다면 그 물건들을 감히 받지 못할 것입니다. 만약 선물을 받고 길을 빌려준다면 장차 우를 멸망시켜 다시 찾으면 됩니다. 보배를 준다지만, 실상은 국내의 창고에서 국외의 창고에 잠시 맡겨 두는 꼴입니다. 그러니 걱정하지 마십시오."

이에 헌공은 순식을 시켜 옥과 말을 우공에게 보내고 길을 빌려 달라고 요청했다. 우공은 재물에 욕심이 많아 그 옥과 준마를 가지고 싶은 마음에 길을 빌려주려고 했다. 그러자 신하인 궁지기(宮之奇)가 이렇게 간언했다.

"그리해서는 안 됩니다. 우와 괵은 서로 떼려야 뗄 수 없는 사이입니다. 우리 우나라에 괵나라는 수레의 보(輔: 수레바퀴 양쪽에 묶어 튼튼하게 해 주는 나무를 말함)와 같습니다. 보는 수레를, 수레는 보를 의지합니다. 우와 괵의 형세가 바로 이와 같습니다.

만일 우리가 진나라에 길을 빌려준다면, 괵은 아침에 망하고 우는 그날 저녁 망할 것입니다. 원컨대 그들의 요구를 물리쳐 주옵소서."

그러나 우공은 궁지기의 간언을 듣지 않고 진나라에 길을 빌려주었다. 순식은 괵을 정벌하고 자기 나라로 돌아온 지 삼 년 만에 군사를 일으켜 우까지 정벌했다. 순식은 준마와 옥을 헌공에게 도로 바쳤다.

이 이야기에서 순망치한(脣亡齒寒)이라는 고사성어가 나왔습니다. 입술이 없으면 이가 시리다는 뜻이지요. 가까운 사이에 있는 하나가 망하면 다른 하나도 그 영향을 받아 온전하기가 어렵다는 의미로 쓰입니다. 우나라와 괵나라가 그런 사이였습니다.

그러나 우나라의 우공(虞公)은 작은 것을 탐하다가 괵나라뿐만 아니라, 자기 나라까지 잃어버렸습니다. 한비는 이런 군주의 태도를 비난하며, 작은 이익에 연연하면 큰 보배를 놓칠 것이라고 충고했습니다. 그것이 바로 십과의 두 번째 내용입니다.

삶에서 한 계단 올라가는 길에는 언제나 유혹이 도사리고 있습니다. 호시탐탐 삶을 무너뜨리려는 지뢰들이 곳곳에 묻혀 있습니다. 자기 이익에 도취돼 작은 것을 탐하는 행위가 뇌관을 건드려 지뢰를 터뜨릴 것입니다. 사소한 이익을 챙기려는 욕심이 삶을 통째로 날려 버릴 수도 있습니다.

그렇다면 어떻게 해야 욕심의 유혹에서 벗어날 수 있을까요? 〈외저설(外儲說) 우하〉 편의 이야기를 통해 그 답을 찾아봅시다.

＊

노(魯)나라의 재상 공의휴(公儀休)는 물고기를 좋아했다. 노나라 사람들이 앞다투어 물고기를 사서 그에게 바쳤다. 그러나 공의휴는 그것을 받지 않았다. 그의 제자가 물었다.

"선생님께서는 물고기를 좋아하시면서 왜 받지 않으십니까?"

공의휴가 대답했다.

"물고기를 좋아하기 때문에 받지 않는 것이다. 물고기를 받게 되면 사람들의 친절에 감사하는 마음이 생길 것이고, 그리되면 장차 법을 어기게 될 것이다. 법을 어기면 곧 재상의 자리를 잃을 것이고, 파직하면 내가 아무리 물고기를 좋아한다 해도 나한테 물고기를 주는 사람은 없을 것이다.

또한 재상직에서 물러나 한가로운 몸이 되면 돈이 없어서 좋아하는 물고기를 사 먹지도 못할 것이다. 그러니 지금 물고기를 받지 않으면 재상의 자리를 박탈당할 일이 없고, 내가 물고기를 많이 좋아한다지만 나 스스로 오랫동안 물고기를 구할 수 있을 것이니 문제없다."

이 이야기는 다른 사람을 믿는 것이 자신을 믿는 것만 못하며, 다른 사람이 자신을 위하는 것보다 자신이 스스로 위하는 것이 낫다는 사실을 분명히 증명해 준다.

공의휴는 순간의 유혹을 지혜롭게 물리쳤습니다. 아니, 유혹이 밀려올 작은 여지조차 만들지 않았습니다. 공의휴는 자신이 뇌물을 받았을 때와 받지 않았을 때 벌어질 일을 훤히 꿰고 있었습니다. 앞으로 벌어질 일을 정확히 예측하고 있었기에 뇌물의 유혹을 미연에 방지할 수 있었던 것이지요.

다음의 〈유로(喩老)〉 편에 나오는 송나라 재상 자한의 이야기도 많은 메시지를 전해 줍니다.

＊

　송(宋)나라의 한 농부가 가공하지 않은 옥돌을 얻고는 재상인 자한(子罕)에게 바쳤다. 그러나 자한은 받지 않았다. 그 농부가 말했다.

　"이것은 보배이니 마땅히 군자의 물건이 되어야지, 소인이 쓰기에는 마땅치 않습니다."

　자한이 말했다.

　"그대는 옥을 보물로 생각하지만, 나는 그대의 옥을 받지 않는 것을 보물로 생각하오."

　농부는 옥을 탐했지만 자한은 옥을 탐하지 않았던 것이다.

　자한은 탐심(貪心)을 다스렸습니다. 자신의 권세와 자리를 빌미로 이익을 탐하지 않았습니다. 군주와 신하 모두 이런 마음 자세가 필요하다고 한비는 주장했습니다. 또한 마음을 다스린다는 것은 지극히 어려운 일이므로, 법으로 다스려야 한다고 했습니다. 순간적으로 변하는 사람 마음을 스스로 통제하는 데는 한계가 있기 때문입니다.

　우리는 정을 나누는 것을 미덕으로 여기는 민족입니다. 작은 것이라도 서로 나누며 정으로 똘똘 뭉쳐 살아왔다고 해도 과언이 아닙니다. 이웃사촌이라는 말도 있지 않습니까?

정을 나누는 미풍양속에서 선물과 뇌물을 분간하기란 결코 쉽지 않습니다. 그래서 더욱이 탐심을 다스릴 필요가 있습니다. 그래야 선한 의도로 정을 나누는 선물과 자신의 이익을 위해 건네는 뇌물의 차이를 발견할 수 있습니다.

자신이 누군가의 이권에 개입하고 영향을 끼치는 자리에 있다면, 특히 더 정정당당한 방법으로 일을 처리해야 한다는 마음 자세가 필요합니다. 자신의 위치를 이용해 이익을 얻으려는 마음을 버리십시오. 이제는 합리적인 선택으로 삶을 리드하는 사람이 우리 사회에 많아지면 좋겠습니다. 그 시작은 작은 것에도 욕심을 내지 않는 마음입니다. 혼란한 시대를 거뜬히 이겨 내는 힘 또한 거기서 나옵니다.

제
34
장

왜 신상필벌이 질서의 근간인가?

거동리즉소화해.
舉動理則少禍害.

행동에 질서가 바로 서면 재앙과 화가 줄어든다.
— 《한비자》 〈해로(解老)〉 편

"공이 없는 자에게 상을 주면, 백성은 곤궁할 때마다
'위에서 어떻게 해 주겠지'라며 요행을 바라고,
과실을 벌하지 않으면 죄에 대한 응징이 없으니
부정한 일을 쉽게 저지르게 된다."

한비의 법치주의를 한마디로 요약하면 '신상필벌(信賞必罰)'입니다. 공로가 있는 사람에게는 상을 주고, 죄가 있는 사람에게는 벌을 주어야 한다는 뜻이지요. 핵심은 상과 벌의 기준을 공정하고 엄격하게 적용하는 것입니다. 상벌이 형평성에 어긋나는 순간 법치주의는 무너집니다.

《한비자》는 수많은 역사적 사건과 우화를 빌려 신상필벌을 명확히 해야 한다고 거듭 강조했습니다. 그래야 나라의 질서가 바로잡히고, 강한 나라가 될 수 있습니다. 하지만 많은 군주가 상황에 따라 기준을 바꿔 상과 벌을 적용했습니다. 때로는 자기 실수를 덮으려고 상을 남발했습니다. 그리되면 당장은 자신의 실수가 무마되는 듯 보이지만, 그 부작용은 매우 심각합니다. 한비는 그런 군주의 실책을 질타했습니다. 〈논난(論難)〉 편에 나오는 다음 이야기로 그 내용을 살펴보겠습니다.

＊

제나라 환공이 술에 취해 관(冠)을 잃어버렸다. 이 일이 창피한 환공은 사흘간 조정에 나가지 않았다. 관중이 말했다.

"그런 일은 군주로서 수치가 아닙니다. 군주께서 진정 부끄럽게 생각하신다면 어찌하여 선정을 베풀어 수치스러운 마음을 씻으려 하지 않으십니까?"

환공은 옳은 말이라 생각하고 곡식 창고를 열어 가난한 자들에게 나눠주고, 가벼운 죄를 지은 죄수들을 풀어 주었다. 사흘 후 백성들은 이렇게 노래를 불렀다.

"임금님께서 또다시 관을 잃으시면 좋겠네."

어떤 사람이 말했다.

"관중은 일반 서민에 대해서는 환공의 수치를 씻게 했으나, 유식한 자에 대해서는 오히려 환공의 수치를 키웠다. 환공이 빈민에게 곡식을 베풀고 감옥에 갇힌 경범 죄인들을 풀어 준 것이 만약 정당하지 못했다면, 환공의 수치는 씻긴 것이 아니다.

만약 그 일이 정당했다면 환공은 정당한 일을 안 하고 있다가 관을 잃은 뒤에야 비로소 정당한 일을 행한 것이니, 이 또한 의를 행했을 뿐 관을 잃은 수치를 씻은 것은 아니다. 관을 잃은 수치가 소인에 의해 씻겼다 하더라도 군자라면 당연히 해야 할 일을 그때까지 게을리했다는 수치가 남게 된다.

　게다가 창고를 열어 빈민에게 베푼 일은 이를테면 공이 없는 자에게 상을 준 것이요, 죄가 가벼운 자를 풀어 준 것은 과실을 벌하지 않은 부당한 처사이다. 공이 없는 자에게 상을 주면, 백성은 곤궁할 때마다 '위에서 어떻게 해 주겠지'라며 요행을 바라고, 과실을 벌하지 않으면, 백성들은 죄에 대한 응징이 없으니 부정한 일을 쉽게 저지르게 된다. 이것은 나라를 문란케 하는 근본이니 환공이 어찌 수치를 씻을 수 있겠는가!"

　환공은 자신의 실수를 덮기 위해 덕을 베풀라는 관중의 조언을 받아들였습니다. 백성들에게 곡식을 나눠주고 죄수들의 죄를 감면해 주었습니다. 그러나 그 부작용이 심각했습니다. 백성들이 요행을 바라게 된 것입니다.

　한비는 법을 적용함에 있어 원리 원칙에 맞게 적용해야 한다고 강조했습니다. 마치 저울의 영점을 맞추어 놓은 것처럼 해야 한다고 말이지요. 〈팔설(八說)〉 편에서 한비는 법의 공정성을 다음과 같이 비유합니다.

＊

　사람이 저울과 저울추에 손대지 않는 것은 마음이 바르고 이익을 경시해서가 아니다. 저울추의 무게는 사람들의 요구에 따라 바꿀 수 있는 게 아니며, 저울의 무게 또한 사람들의 기분에 따라 무겁게 하거나 가볍게 할 수 있는 게 아니기에 그렇다.

이와 마찬가지로, 현명한 군주의 나라에서 관리가 법을 어기지 않고 사리사욕을 도모하지 않으며, 뇌물을 주고받지 않는 것은 나라의 모든 일이 저울처럼 함부로 다룰 수 없는 것이기에 그렇다. 그런 나라에서 신하가 나쁜 일을 하면 즉시 발견되고 처벌된다.

한비는 관리가 법을 적용함에 있어 자기 마음대로 바꾸지 말아야 한다고 강조합니다. 〈궤사(詭使)〉 편에도 같은 이야기가 반복적으로 등장합니다. 〈궤사〉 편은 법(法)과 술(術)로 통치하지 않는 당시의 정치 현실을 우려하고 울분을 토로하는 장입니다. 당시 법은 저울의 영점처럼 공정하게 적용되지 않았습니다. 다음은 〈궤사〉 편의 한 대목입니다.

＊

《본언(本言)》이라는 책은 나라를 융성하게 하는 방법을 설파한 것으로 다음과 같은 구절이 있다.

"나라가 다스려지는 것은 법이 확립되었기 때문이며, 나라가 어지러워지는 것은 사람들이 사를 도모하기 때문이다. 법이 확립되어 있으면 사사(私事)를 행하는 자가 없어진다."

그러므로 나라를 다스림에 있어 사도(私道)에 의하면 어지럽게 되고, 법의 의하면 잘 다스려진다고 말한 것이다.

한비는 나라가 혼란에 빠지는 것은 사람들이 사적인 이익을 도모하기 때문이라고 일갈했습니다. 환공이 자신의 실수를 덮으려 한 것처럼, 신하가 자기 이익을 우선시하면 법질서가 엉망이 되어 나라가 위태로워집니다.

이런 원리는 정치뿐만이 아니라, 개인의 삶에서도 마찬가지입니다. 삶의 질서가 엄정히 서야 성공적인 삶을 살아갈 수 있습니다. 상황에 따라 임기응변식으로 대응해 버릇하면 삶의 질서는 좀처럼 바로 서지 않습니다. 삶의 질서가 확고하지 않는 사람의 내면은 절대 강할 수 없습니다.

미국 '건국의 아버지'이자 독립선언서를 기초한 벤자민 프랭클린은 완벽한 인격체를 이루기 위한 덕목을 만들었습니다. 다른 사람들에게 자주 상처를 주고 무질서한 삶을 살고 있는 자신을 발견한 것이 그 계기였습니다. 그가 스무 살 때의 일이었습니다.

프랭클린은 초등학교도 제대로 나오지 못했지만, 삶의 질서를 바로 세운 뒤로는 완전히 다른 삶을 살았습니다. 행동의 질서를 바로 세우자 삶이 달라진 것입니다. 그가 평생을 살면서 훈련했던 열세 가지 덕목과 그에 따른 규율을 소개하면, 다음과 같습니다.

1. 절제: 과음, 과식을 하지 않는다.
2. 과묵: 본인에게도, 남에게도 유익하지 않은 불필요한 말을 하지 않는다.
3. 질서: 모든 것을 제자리에 두고 주어진 일을 제때 한다.
4. 결단: 할 일은 꼭 하겠다고 결심하고 반드시 실천한다.

5. 검약: 본인에게도, 남에게도 도움이 되지 않는 일에 돈을 낭비하지 않는다.

6. 근면: 시간을 헛되이 보내지 않고 항상 유익한 일만 하며, 불필요한 행동을 삼간다.

7. 진실: 남을 속이지 않으며 순수하고 정당하게 생각하고 말한다.

8. 정의: 다른 사람에게 손해를 입히지 않고 상처를 주지 않는다.

9. 중용: 극단적인 것을 피한다. 남의 비난과 불법을 참는다.

10. 청결: 신체, 의복, 주택에 불결한 흔적을 남기지 않는다.

11. 침착: 사소한 일, 어쩔 수 없는 일에 침착함을 잃지 않는다.

12. 순결: 부부 잠자리는 건강과 자손을 위해서만 한다. 감각이 둔해지고 몸이 쇠약해질 정도로 하지 않고, 부부의 평화와 평판에 해가 되지 않을 정도로만 한다.

13. 겸손: 예수와 소크라테스를 본받는다.

프랭클린은 이 같은 덕목과 규율을 지키려고 작은 수첩을 만들었습니다. 표를 만들어 매일 체크하며 일주일 단위로 관리했습니다. 지켜지지 않는 규율과 덕목은 지켜질 때까지 집중적으로 훈련했습니다. 무려 50년을 그렇게 했습니다.

그러자 열세 가지 덕목이 그의 삶에 깊이 뿌리를 내리고 그의 인격이 되었습니다. 그는 그 힘으로 미국 건국의 기초를 담당하는 중추적인 인물이 되었습니다. 미국인이 가장 좋아하는 인물의 상위권에 늘 벤자민 프랭클린이 오르는 것은 그 때문일 것입니다.

우리의 선조들은 좌우명으로 삶의 질서를 세웠습니다. 율곡 이이도 그랬습니다. 이이는 스무 살에 자신을 다잡기 위한 삶의 지침서를 썼는데, 그것이 바로 '자경문(自警文)'입니다. 그는 자경문을 통해 훌륭한 인물로 거듭날 수 있었습니다.

인생을 의미 있게 살아가는 사람들은 대부분 삶의 질서가 바로잡혀 있습니다. 그래서 행동의 우선순위가 명확합니다. 삶의 기준이 상황에 따라 고무줄처럼 늘었다 줄었다 하지 않고 저울의 영점처럼 정확합니다. 바로 그것이 내면을 성장시키는 힘입니다.

제35장

포용력은 어떻게 생기나?

역심어산해이국가부. 상무분노지독, 하무복원지환.
歷心於山海而國家富. 上無忿怒之毒, 下無伏怨之患.

국가가 번영하는 것은 마음이 산처럼 높고 바다처럼 넓어서이다. 그런
나라에서 위의 군주는 아래의 백성에 대한 노여움으로 자신을 괴롭히지
않으며, 아래의 백성은 위에 있는 자에게 원한을 품을 염려가 없다.
－《한비자》〈대체(大體)〉편

"《삼국지》에서 용장은 장비, 지장은 제갈량,
덕장은 유비였다. 그중 나라를 세우고 이끈 리더는
덕장 유비였다."

　주변에 사람이 몰리고 존경받는 사람은 지혜로운 사람보다 넓
은 마음의 소유자입니다. 용맹하기보다 포용력 있는 사람이 리더
가 되는 이유이지요. 손무(孫武)의 《손자병법(孫子兵法)》을 보면 그 의
미를 알 수 있습니다.
　이 책에서 손무는 용장(勇將), 지장(智將), 덕장(德將) 세 부류의 장수
가 있다고 소개합니다. 용장은 용맹스러움을 앞세워 군사를 이끄
는 장수, 지장은 뛰어난 지략과 지혜로 부하를 통솔하는 장수, 덕
장은 따듯하고 부드러운 포용력 있는 장수입니다. 세 가지 덕목이
조화를 이루면 더할 나위 없겠지만 그런 리더는 좀처럼 찾아보기
가 어렵습니다.
　《삼국지(三國志)》를 예로 용장은 장비, 지장은 제갈량, 덕장은 유

비라 한다면, 나라를 세우고 이끈 사람은 덕장인 유비였습니다. 다음 〈대체(大體)〉 편도 같은 이야기를 합니다.

*

위에 있는 자의 덕이 하늘처럼 크지 않으면 아래에 있는 자를 골고루 덮어 줄 수 없고. 마음이 대지처럼 넓지 않으면 만물을 다 실을 수 없다. 태산은 좋고 싫은 것이 없기에 흙과 바위의 좋고 나쁨을 가리지 않고 다 받아들여 능히 그 높음을 이루었고, 강과 바다는 작은 시냇물마저 버리지 않았기에 저토록 풍부해진 것이다.

'대체(大體)'란 천지를 바라보고 바다와 강이 흐르는 모양을 관찰하며, 산과 계곡의 모양을 살핌으로써 자연의 모습을 스스로 알게 되는 이치를 말합니다. 한비는 〈대체〉 편을 통해 군주라면 덕과 포용력으로 지도력을 갖추어야 한다고 강조했습니다.

나라의 정치 질서는 군주의 엄격한 법 집행을 통해 바로잡아야 한다는 것이 《한비자》를 관통하는 중심 메시지입니다. 그래서 《한비자》를 '제왕학의 교과서'라고 부르지요. 그런 한편, 《한비자》는 태산과 바다 같은 군주의 높고 넓은 마음도 강조합니다. 〈논난(論難) 3〉 편을 보면 이를 잘 알 수 있습니다.

*

진(晉)나라 문공이 망명길에 오를 때, 그를 미워하던 부왕(父王) 헌공

(獻公)은 환관인 피(披)를 시켜 문공을 죽이라고 명령했다. 피는 포성(蒲城)에서 문공을 칼로 쳤는데 옷소매만 잘렸다. 그 후 헌공이 죽고 혜공(惠公)이 즉위했는데, 장차 문공이 귀국하면 난처한 일이 생길 것이라 여긴 그는 또다시 피를 시켜 문공을 죽이게 했으나 실패했다.

19년 만에 문공이 귀국해 왕위에 올랐다. 얼마 후에 피가 알현을 청하자 문공은 다음과 같이 말하며 거절했다.

"포성의 싸움에서 헌공은 하룻밤을 지내고 나서 나를 공격하라고 했는데, 너는 곧바로 나를 공격했다. 혜두에서도 혜공은 3일 후에 떠나라고 했다는데, 너는 겨우 하룻밤을 지낸 뒤 쫓아와서 나를 공격했다. 이렇듯 너는 나를 치려고 급히 서두른 잔인한 놈이다."

알현을 거절당한 피가 사람을 통해 문공에게 말했다.

"신하로서 군명을 어길 수 없는 일입니다. 군주가 미워하는 자를 제거함에 있어서, 제가 두려워하는 것은 그저 힘이 부족해 실패하지 않을까 하는 것뿐입니다. (……) 지금 군주께서는 진나라 왕위에 오른 이상 지난날과 달리 제 군주이십니다. 일찍이 제나라 환공은 자기의 허리띠를 쏘아 죽이려고 했던 관중에 대한 원한을 풀고 그를 재상으로 임명했습니다."

이 말을 듣고, 문공은 피를 만났다.

문공은 자기가 섬기는 군주에게 충성을 다한 피를 용서하고 자기 사람으로 삼았습니다. 자기를 죽이려 했던 원수를 넓은 마음으로 품었습니다. 쉽지 않은 선택이지만, 그런 선택을 할 수 있는 군주가 필요하다고 한비는 말한 것입니다. 진시황을 도와 나라를 통일하는 데 큰 공을 세운 이사(李斯)의 《간축객서(諫逐客書)》에는 다음과 같은 문장이 나옵니다.

"태산은 한 줌의 흙도 사양하지 않고(泰山不讓土壤), 강과 바다는 작은 물줄기를 가리지 않는다(河海不擇細流)."

진시황은 여러 나라에서 기회를 엿보며 몰려드는 빈객들을 추방하려 했습니다. 이때 이사가 인재를 등용함에 있어 넓은 마음으로 포용해야 한다는 글을 써서 올린 것입니다.

그런데 바로 그 이사가 한비를 죽게 한 장본인이었습니다. 한비가 진시황의 총애를 받자 이사는 이를 시기해 음모를 꾸며 그를 죽음의 나락으로 떨어뜨렸습니다. 그랬으면서도 이사는 진시황에게 개인적인 감정을 앞세우지 말라고 조언했습니다. 넓은 마음으로 포용하는 것이 곧 나라를 세우는 길임을 그도 알긴 알았습니다.

포용력은 나라의 지도자뿐만 아니라, 모든 사람에게 필요한 덕목입니다. 내면의 깊은 상처로 가시가 돋친 사람, 투덜대는 사람, 우쭐대는 사람들을 수용하는 포용력은 이 시대 인재가 갖추어야 할 중요한 능력이기 때문입니다.

어떻게 해야 태산처럼 높고 바다처럼 넓은 마음이 될까요? 거기에는 외부 충격을 잘 품을 수 있는 마음의 스펀지가 필수입니다. 스펀지와 같은 마음이 되려면 마음의 상처부터 제대로 치유되어야 합니다. 내면의 상처를 방치해서는 포용력 있는 사람이 되기가 어렵습니다.

여러분에게 치료되지 않고 방치된 외상 후 스트레스 장애가 있는지 돌아보십시오. 그 내면의 상처가 당신의 자유와 기쁨을 빼앗아 가고, 자신은 불행할 것이라는 부정적인 사고를 고착시킵니다. 그런 사람은 포용력은커녕, 좋은 인간관계를 맺는 것조차 쉽지 않습니다.

내면의 상처는 어떻게 처리해야 할까요? 그 시작은 있는 그대로의 자신을 수용하고 사랑하는 것입니다. 그것만 해도 내면의 상처는 크게 치유됩니다. 과거에 얽매이지 마십시오. 지나간 것은 지나간 것이라고 쿨하게 인정하십시오. 그러다 보면, 자신의 아픔을 인정하고 못난 자신을 용서하고 사랑하게 됩니다. 자신을 진정으로 사랑하고 존중해 줄 수 있는 사람은 오직 자기 자신뿐임을 기억하십시오.

제36장

왜 열 친구가 있어도 한 명의 적이 무서운가?

고왈, 거호거악, 군신견소, 즉인군불폐의.
故曰, 去好去惡, 群臣見素, 則人君不蔽矣.

옛말에 좋고 싫음을 내색하지 않으면 뭇 신하들은 본바탕을 드러낸다고
했다. 그럼 군주의 눈과 생각을 가리는 일은 없을 것이다.
– 《한비자》 〈이병(二柄)〉 편

"열 사람이 나무를 심어도 한 사람이 계속
뽑아 버린다면 살아날 버드나무는 없을 것이다."

살다 보면 모든 사람과 다 잘 지낼 수는 없습니다. 자연스럽게
친한 사람과 친하지 않은 그룹으로 나뉘게 됩니다. 마음을 터놓고
이야기하고 싶은 사람, 꼴도 보기 싫은 사람이 있기 마련입니다.
꼴도 보기 싫은 사람들과는 대화조차 섞기 싫은 것이 인지상정이
지요.

그러나 꼴도 보기 싫은 사람과도 관계를 잘 맺어야 합니다. 왜냐
하면, 그들이 훗날 당신의 걸림돌이 되기가 쉽기 때문입니다.

"열 명의 친구를 만드는 것보다 한 명의 적을 만들지 않는 것이
중요하다"라는 말이 있듯이, 당신의 삶은 한 명의 적 때문에 고달
파질 수 있습니다. 아무리 여러 사람과 관계가 좋아도 한 사람과
나쁜 관계에 있다면 공동체 생활이 불편해집니다. 그 한 사람으로

인해 스트레스를 받고 일을 그르칠 수도 있습니다.

〈설림(說林) 상〉 편의 다음 이야기로 생각해 봅시다.

✱

진진(陳軫)은 위(魏)나라 혜왕(惠王)에게 두터운 신임을 받고 있었다. 어느 날 혜시(惠施)가 진진에게 이같이 충고했다.

"당신은 최선을 다해 왕의 주변 사람들을 잘 섬겨야 할 것이오. 무릇 버드나무는 옆으로 심어도 살고, 거꾸로 심어도 살며, 꺾어서 심어도 잘 자라는 법이오. 그러나 열 사람이 나무를 심어도 한 사람이 계속 뽑아 버린다면 살아날 버드나무는 없을 것이오.

이처럼 열 명이 한 명의 방해자를 이기지 못하는 까닭이 무엇이겠소? 그것은 나무를 심기는 어렵지만 뽑아 버리는 것은 쉽기 때문이오. 지금 비록 당신의 모습을 왕께 잘 심었을지라도, 당신을 제거하려는 자가 있다면 당신은 필시 위험할 것이오."

혜시가 진진에게 당부한 내용은 왕뿐만 아니라 주변 사람들까지 잘 챙기라는 것이었습니다. 진진이 아무리 왕의 신임을 받는다 해도 단 한 명이라도 적이 있다면 낭패를 당할 것이기 때문이었습니다. 그것은 지혜로운 충고입니다. 제아무리 많은 사람과 좋은 관계를 맺는다 해도 적이 한 명이라도 있다면 언젠가는 화를 당할 수 있습니다. 조직이 무너지는 것도 겨우 3퍼센트의 반대자들 때문이라고 합니다.

한비는 〈십과(十過)〉 편에서 군주가 나라를 다스리면서 범하는 열 가지 잘못을 말했는데, 그중 제일 마지막은 작은 나라이면서 예의를 지키지 않는 것이었습니다. 예의를 지킨다는 것은 상대를 자극하지 않는 것이며, 나아가 적을 만들지 않는다는 뜻입니다.

〈십과〉 편을 통해 적을 만들면 어떻게 되는지 살펴보겠습니다.

*

옛날 진(晉)나라의 공자 중이(重耳)가 망명 도중 조(曹)나라에 들렀는데 조나라 왕이 그의 옷을 벗기고 몸을 검사했다. (중이는 진나라 헌공(獻公)의 아들로 훗날 헌공의 뒤를 이어 왕위에 오른 문공(文公)을 말한다. 조나라 왕이 몸을 살펴본 것은 중이의 늑골이 하나로 되어 있다는 소문을 확인하기 위해서였다.)

이때 이부기와 숙첨이 왕 곁에 있었는데 숙첨이 말했다.

"신이 진나라 공자의 모습을 보니 비범한 구석이 있습니다. 그런데 군주께서는 그를 무례하게 대하셨습니다. 그가 귀국해 정권을 잡고 군사를 일으킨다면 우리 조나라가 해를 입을 것입니다. 왕께서는 차라리 그를 죽여 화근을 제거하십시오."

그러나 조나라 왕은 이 말을 듣지 않았다. 이부기도 언짢은 마음으로 집에 돌아왔는데 그의 얼굴을 보고 아내가 이유를 물었다. 이부기가 대답했다.

"군주의 복은 신하에게 미치지 못하지만, 군주의 화는 신하에게 미친다고 했소. 오늘 왕께서 진나라 공자에게 무례하게 대했는데 나도 그

자리에 있었소. 그래서 마음이 편치 않소."

아내가 말했다.

"제가 보기에도 진나라의 공자는 만승대국의 군주가 될 상입니다. 그를 좌우에서 따르는 신하들도 훌륭해 보였습니다. 지금은 세력을 얻지 못해 떠돌아다니고 있지만, 그가 훗날 왕이 되면 우리 조나라를 먼저 칠 것입니다. 뒷날을 생각해 그와 교분을 맺어 두심이 좋을 것 같습니다."

이부기는 아내의 말을 듣고 항아리 속에 벽옥을 가득 넣고 그 위에 음식을 덮어 밤중에 중이에게 보냈다. 중이는 음식은 감사히 받았으나 옥은 사양하고 돌려보냈다.

그 뒤 진나라로 돌아간 중이는 군주가 되었고 예상대로 군사를 일으켜 조나라를 정벌했다. 중이는 조나라 왕에게 사람을 보내 이렇게 말했다. "숙첨을 포승으로 묶어 성 아래로 보내라. 내가 그를 처형해 저잣거리에 목을 매달 것이다."

이부기에게도 사람을 보내 말했다. "우리 군사는 조나라를 정벌했소. 나는 그대가 예의를 지켰던 일을 기억하고 있소. 그대는 마을 앞에 표시를 해 두시오. 그럼 우리 군사들이 그대가 사는 곳을 침범하지 못하도록 하겠소."

조나라 사람들 가운데 이 소식을 들은 사람들이 친척까지 이끌고 이부기가 사는 마을로 가 목숨을 보전했다.

조나라 왕은 중이의 인물 됨됨이를 몰라보고 그에게 예의를 갖추지 않았습니다. 조나라 왕의 이런 처사에 대해 숙첨과 이부기는 각기 다른 대책을 내놓았습니다. 숙첨은 범상치 않은 중이를 무례하게 대한 왕의 처사가 잘못되었음을 지적하면서도 중이의 면전에서 그를 죽여야 한다고 말했습니다. "때리는 시어머니보다 말리는 시누이가 더 밉다"라는 옛말처럼, 중이는 왕보다 숙첨이 더 미웠을 것입니다. 겉으로는 자신을 위해 주는 척하며 속으로는 자신을 해치려는 사람이 더 얄미운 법이지요.

반면 이부기는 중이의 됨됨이를 보고 그의 적이 되지 않으려고 노력했습니다. 어떻게 해서든 좋은 관계를 유지하려고 했지요. 중이는 현재 천하를 떠돌고 있지만, 훗날 왕이 되면 자신에게 화가 미칠 것이라며 앞날을 내다보았기에 그럴 수 있었습니다.

이부기의 예상은 적중했습니다. 중이는 문공(文公)이 되어 조나라를 공격했습니다. 그리고 숙첨을 처형해 성에 매달았습니다. 그러나 이부기에게는 미리 피할 방법을 알려 주어 목숨을 건질 수 있도록 배려했습니다. 그때 그의 가족과 마을 사람들까지 무려 700여 가구가 목숨을 건졌습니다. 적을 만들지 않았던 이부기의 처세가 빛을 발했습니다.

우리도 살면서 적을 만들지 않는 것이 중요합니다. 아무리 유능하고 주위에 도와주는 사람들이 널렸어도, 적이 있으면 성공하기가 어렵습니다. MGM의 창업주 새뮤얼 골드윈은 "인생의 기술 중 90퍼센트는 내가 싫어하는 사람과 잘 지내는 방법에 관한 것이다"라고 말했습니다.

진짜 사람공부는 이해할 수 없는 사람을 이해하는 공부입니다. 이해할 수 없는 사람을 이해하려면 상대방 입장과 상대가 자신을 바라보는 시각을 살펴야 하기 때문입니다. 그러면서 인간 본성을 꿰뚫게 됩니다. 상대가 자신을 왜 싫어하는지 생각하고 파악하다 보면, 사람에 대해 깊은 성찰이 가능해지고 사람을 대하는 지혜가 생깁니다. 인간관계에서의 승자가 다른 일에서도 승자가 될 수 있음을 기억하십시오.

정장자유언, 체도, 무위무견야,
鄭長者有言, 體道, 無爲無見也,
차최의어문왕의. 불사인의지야.
此最宜於文王矣. 不使人疑之也.

정나라 노인이 말하기를, "도를 터득한 자는 아무 일도 하지 않으며 아
무것도 밖으로 보이지 않는다." 그리되면 남에게 의심을 받지 않기에 이
말이야말로 문왕에게 가장 적합했다.
　　　　　　　　　　　　　　　　　　－《한비자》〈논난(論難) 2〉편

"만약 군주가 자신의 뜻을 나타내면,
신하는 자기 마음에 있는 말을 하지 않고
군주의 마음에 들도록 일을 꾸민다."

자신의 생각을 가감 없이 표현하고 스스럼없이 드러내는 사람들을 흔히 볼 수 있습니다. 이처럼 솔직한 것도 좋지만, 지나치게 솔직하면 역효과가 나기가 쉽습니다. 한비는 리더가 속마음을 쉽게 드러내면 곤란하다며 〈이병(二柄)〉 편에서 다음과 같이 이야기합니다.

*

월왕이 용기 있는 자를 좋아하니 죽음을 가볍게 여기는 백성이 많아졌고, 초나라 영왕이 가는 허리를 좋아하니 나라 안에는 일부러 굶는 사람이 많아졌다. 제나라 환공이 투기심이 강하고 여색을 좋아하니 수조라는 자는 내시가 되었고, 그가 또 진귀하고 맛있는 음식을 좋아하니 역아는 자기 장남을 삶아 바쳤다.

군주의 속마음을 안 후 신하들과 백성들이 한 행동을 열거한 내용입니다. 신하들과 백성들은 군주의 눈에 들기 위해 갖은 애를 썼습니다. 그들이 이토록 목숨을 걸고 군주에게 잘 보이려 한 이유는 무엇일까요?

한비는 그 모든 게 자신의 이익을 위해서라고 했습니다. 그렇다면 군주는 자신을 지키기 위해 어떻게 처신해야 할까요?

〈외저설(外儲說) 우상〉에서는 군주뿐만 아니라 우리에게도 필요한 처세의 도에 관한 대목이 나옵니다.

＊

제(濟)나라 선왕(宣王)이 당이자(唐易子)에게 새 잡는 사람이 주의해야 할 점을 물었다. 그러자 당이자가 대답했다.

"몸을 숨기는 데 주의해야 합니다."

왕이 물었다.

"몸을 숨기는 데 주의하다니 그게 무슨 뜻인가?"

"새는 수백 개의 눈으로 사람을 보지만, 사람은 두 눈으로 새를 보아야 합니다. 그래서 새를 잡을 때 무엇보다 몸을 숨기는 일이 중요하다고 말씀 드린 겁니다."

왕이 말했다.

"그렇다면 천하를 다스리는 것도 새를 잡는 것과 같구나. 군주는 두 눈으로 나라를 바라보지만 백성은 수만 개의 눈으로 군주를 보고 있으니 군주는 무엇으로 몸을 숨겨야 하는가?"

당이자가 대답했다.

"허심탄회하게 진심을 나타내는 일을 삼가면 밖에서 아무것도 엿볼 수 없으니, 그것이 곧 군주의 숨을 곳이라고 생각합니다."

한비는 군주가 자신을 지키려면 속마음을 감춰야 한다고 말했습니다. 그래야 신하들이 딴생각을 하지 못한다는 것입니다. 군주의 뜻을 모르니 신하들은 조심할 수밖에 없고, 어느 장단에 춤을 춰야 할지 몰라 동분서주할 것입니다. 그러는 동안 신하들의 속마음도 엿볼 수 있습니다. 한비의 이런 주장은 〈주도(主道)〉 편에 자세히 나와 있습니다.

＊

군주 된 사람은 자신이 바라는 바를 나타내서는 안 된다. 만약 군주가 자신의 뜻을 나타내고 좋고 싶은 것을 밝히면, 신하 된 자는 자기 마음에 있는 말을 하지 않고 군주의 마음에 들도록 일을 꾸미게 된다. 군주가 좋고 싶은 취향을 드러내지 않는다면 신하는 즉시 본심을 드러낼 것이다. 또 군주가 교묘함도 버리고 지혜도 버린다면 신하는 군주의 의향을 알 길이 없어 스스로 경계하게 된다.

한비는 신하들의 속성을 꿰뚫어보았습니다. 인간미가 없을 정도로 냉철한 사람입니다. 그렇지만 가만히 한비의 주장을 살펴보면 일리가 있습니다. 많은 사람을 리드하려면 속마음을 숨기는 것이

상책입니다. 리더가 아랫사람들에게 자신의 속마음을 완전히 보여 주면 낭패를 당합니다. 리더뿐만 아니라, 팔로워도 자신의 속마음을 빨리 드러내면 낭패를 당하고 맙니다. 계륵(鷄肋)의 유래에도 같은 내용이 있습니다.

한중(漢中) 땅을 놓고 유비와 다투던 조조는 진퇴양난에 빠졌습니다. 어떻게 해야 할지 고민하고 있던 조조에게 부하가 찾아와 암호를 뭐라 해야 할지 물었습니다. 마침 닭고기를 먹고 있던 조조는 '계륵'이라고 말합니다. 부하는 돌아가 암호가 계륵이라고 알렸습니다. 이때 양수(楊修)는 조조의 속마음을 알아차리고 철수 준비를 하기 시작합니다. 사람들이 이유를 묻자 양수가 이렇게 답합니다.

"무릇 닭의 갈비는 먹음직한 살은 없지만 그냥 버리기 아까운 것이다. 그러나 무리해서 뜯을 것까지는 없다. 주군께서는 곧 철군 명령을 내릴 것이다."

양수는 조조가 눈앞에 놓인 땅을 보며 했을 생각을 정확히 꿰뚫었습니다. 조조는 양수의 예측대로 이튿날 철수 명령을 내렸습니다. 그러나 이것이 큰 화를 몰고 왔는데, 조조가 군기를 누설했다는 이유로 양수를 처형한 것입니다.

양수는 경거망동했습니다. 차분히 조조의 명령을 기다리면 좋았을 것을, 자기 속마음을 드러내 군주의 미움을 사고 말았습니다. 군주보다 앞서 행동한 것이 오히려 독이 된 것입니다.

그렇다면 속마음을 보여 주지 않으며 어떻게 바라는 이상을 펼쳐나갈 수 있을까요? 그 해답 또한 〈외저설 우상〉 편에 나온 한비

이야기 속에 담겨 있습니다.

✳

그대의 말을 조심하라. 그렇지 않으면 그 말이 그대의 속마음을 드러낼 것이다. 그대의 행동을 삼가라. 사람들이 그 행동에 의해 그대를 추종하려 할 것이다. 그대에게 지혜가 있다는 것을 알게 되면, 사람들은 그대에게 모든 일을 숨길 것이다. 그대가 무지하다는 것을 알게 되면 사람들은 그대를 기만하려 할 것이다.

그대가 어떤 문제를 알고 있다는 태도를 보여 주면 사람들은 그대를 해치려 할 것이다. 그러므로 "자기의 마음을 드러내는 일 없이 아랫사람의 마음을 능히 살펴 이에 대응해 나가지 않으면 안 된다."

군주와 신하뿐만 아니라 우리의 삶에서도 철저한 자기관리가 필요합니다. 하고 싶은 말이 있어도 침묵하고, 뽐내고 싶은 것도 참을 줄 알아야 합니다. 남의 잘못을 지적하기보다 겸허히 받아들이며 기다려 주는 미덕이 필요합니다. 리더의 속마음을 알아차려도 리더가 움직일 때까지 기다려 주는 센스도 필요합니다.

내면을 지키고 다스리는 길은 멀고 험합니다. 그런데도 여러분의 감정과 생각, 말과 행동을 다스려야 하는 이유는, 여러분이 원하는 삶을 사는 비결이 바로 그것이기 때문입니다.

제
38
장

왜 삶의 만족이 중요한가?

성인의족이범한, 식족이충허, 즉불우의.
聖人衣足以犯寒, 食足以充虛, 則不憂矣.

성인은 추위를 막아 줄 옷과 배를 채워 줄 음식만 있으면 만족하고 걱정
하지 않는다.
– 《한비자》〈해로(解老)〉편

"죄수도 용서받을 때가 있고, 사형수도 죽음을 면할 수 있다. 그러나 만족을 모르는 자의 근심은 평생을 가도 제거되지 않는다."

만족(滿足)은 '모자람이 없이 마음에 흡족함'이란 뜻입니다. 부족함을 느끼지 않은 상태를 말하지요. 만족을 알면 우리는 내면을 바람직하게 지킬 수 있습니다. 그런데 그게 쉽지 않습니다. 호시탐탐 욕심이 우리 내면을 갉아먹기 때문입니다.

노자의《도덕경(道德經)》을 해석한 〈해로(解老)〉편에 그에 관한 이야기가 있습니다.

*

욕심이 크면 근심이 많고, 근심이 많으면 몸에 병이 생긴다. 병이 생기면 지혜가 둔해지고, 지혜가 둔해지면 분별력을 잃게 된다. 분별력을 잃으면 행동이 경솔해지고, 행동이 경솔해지면 재앙과 화가 닥친다. 재앙과 화가 닥치면 걱정하게 되므로 마음의 병은 더욱 깊어진다.

마음의 병이 깊어지면 고통이 위나 장 사이사이에 침범하고 몸이 상하게 된다. 그때 비로소 자기의 잘못을 뉘우치는데, 모든 고통의 원인은 이익을 추구하는 탐욕스러운 마음이었음을 깨닫게 된다.

욕심이 만병의 근원이라는 이야기입니다. 한비는 노자의 말을 빌려 이 글을 이렇게 마무리했습니다. "욕심을 부리고 이익을 구하는 마음보다 더 심각한 것은 없다." 군주가 나라를 제대로 다스리려면 욕심을 다스릴 수 있어야 한다는 이야기입니다. 욕심은 탐욕을, 탐욕은 질병을 낳아 사람을 해치고 한 나라를 해치는 주범입니다.

한비는 욕심을 다스릴 해법으로 만족하는 삶을 제시했습니다. 백성과 신하가 만족해야 군주가 나라를 제대로 다스릴 수 있다는 겁니다. 〈해로〉 편에는 만족하지 못하는 것이 우리의 삶에 얼마나 큰 해가 되는지를 일깨워 주는 대목이 나옵니다.

*

죄를 범해 감금된 자도 용서받을 때가 있고, 사형수도 때로는 죽음을 면할 수 있다. 그러나 만족을 모르는 자의 근심은 평생을 가도 제거되지 않는다. 그래서 노자는 "만족할 줄 모르는 것보다 더 큰 화는 없다"라고 했다.

만족할 줄 모르면 어떤 재앙이 닥칠지 알 수 없습니다. 그만큼 만족하며 사는 삶이 중요합니다. 그렇다면 어떤 삶이 만족하며 사는 삶일까요?

〈유로(喩老)〉 편에는 우리가 어떻게 만족하며 살아가야 하는지에 관한 지혜가 담겨 있습니다.

＊

무릇 '나라'라는 것은 존재하는 것으로 족한 것이다. 패왕(霸王)이 된다면 좋겠지만, 그것은 바란다고 해서 이루어지는 것이 아니다. 이와 마찬가지로 사람도 존재하는 것으로 족하며, 부귀를 누린다면 더욱 좋을 것이다.

존재하는 데 만족하지 않고 허황된 욕심을 부림으로써 화를 입는다. 자기 자신을 해칠 일에 욕심을 내지 않는다면 나라는 망하지 않고 사람도 하늘이 정한 수명을 다할 수 있다. 그러므로 노자는 "만족을 알면 언제나 만족하게 된다"라고 했다.

만족하는 삶에 관해 한비와 노자가 공통적으로 내놓은 해법이 있습니다. 소유가 아니라 존재에 만족하라는 것입니다. 소유를 추구하는 삶인가, 존재 가치를 인정하는 삶인가의 문제가 만족스러운 삶의 관건입니다.

소유를 추구하는 길의 목적지는 끝없이 이어지는 미로와 같아서, 언제 어느 때 도달하게 될지 몰라 끝없이 헤맬 것입니다. 프랑스의 수필가 도미니크 로로(Dominique Loreau)는 《심플하게 산다》라는 책에서 다음과 같이 이야기했습니다.

"많은 사람이 물질적인 부를 자기 인생의 반영이자 자신이 존재하는 증거라고 여긴다. 이들은 의식적으로든 무의식적으로든 자신의 정체성과 이미지를 자기가 소유한 것과 연결 짓는다. 더 많이 소유할수록 더 안심한다. 그래서 모든 게 탐욕의 대상이 된다. 물질적 재산, 사업, 예술품, 지식, 아이디어, 친구, 연인, 여행, 신(神), 심지어 자신의 자아까지도."

춘추전국 시대뿐만 아니라 지금 이 시대에도 소유하려는 탐심이 개인의 삶을 집어삼키고 있습니다. 자신의 자아까지도 탐욕의 대상이 된다고 도미니크 로로는 쓴소리를 합니다.

그럼 어떻게 해야 만족하는 삶을 살아갈 수 있을까요? 가장 좋은 방법은 감사하는 마음을 품고 오늘을 사는 겁니다. 감사란 고맙게 여기는 마음이죠. 만족한 삶의 태도란 매일의 삶에서 고맙게 여기는 것을 찾아 인정하는 것입니다.

감사할 것을 찾다 보면 부족한 것보다 만족스러운 것이 보입니다. 부정적인 면이 아니라 긍정적인 요소가 더 눈에 띕니다. 그러다 보면 자연스레 욕망에서 멀어지게 됩니다.

오늘의 삶에서 감사할 것은 무엇입니까? 지금 세 가지를 적어 보십시오. 그러면 오늘을 보람되고 의미 있게 보냈다는 마음이 들 것입니다. 이렇게 우리의 삶을 조금씩 좋은 쪽으로 변화시키는 길이 혼란 속에서도 내면을 지키는 비결입니다.

제39장 모르는 척, 못난 척이 필요할 때는?

불감위천하선, 즉사무불사, 공무불공, 이의필개세.
不敢爲天下先, 則事無不事, 功無不功, 而議必蓋世.

함부로 천하에 앞장서지 않으면 하는 일마다 성공하고 공을 세우게 되어
그의 견해가 세상을 뒤덮게 된다.
- 《한비자》 〈해로(解老)〉 편

"예쁜 것을 자랑하는 예쁜 아이는 전혀 예뻐 보이지 않지만, 스스로 못났다는 것을 아는 못생긴 아이는 전혀 추해 보이지 않는다."

사물이든 우리 내면이든 균형이 중요합니다. 어느 한쪽으로 쏠리지 않고 균형이 잡혀야 안정감이 있습니다. 자신을 너무 드러내는 것도, 너무 드러내지 않는 것도 바람직하지 않습니다. 군주든 신하든 속마음을 어느 선까지 표현해야 하는지가 매우 중요한 이유입니다.

신하가 군주의 마음을 꿰뚫어 간언하면 군주의 경계를 받게 됩니다. 군주의 경계는 곧 죽음을 의미하죠. 다음의 〈설림(說林) 상〉 편 이야기로 그게 무슨 소리인지 생각해 봅시다.

＊

제나라에는 습사미(隰斯彌)라는 현자가 있었다. 그는 오랜 친구 전성자(田成子)와 함께 누각에 올라 사방을 둘러보았다. 삼면이 툭 트여 있었으나 남쪽으로 울창한 수목이 습사미 집의 시야를 가렸다. 전성자는 그 나무들을 베어 버렸으면 좋겠다고 생각했으나 입 밖에 내지 않았다.

습사미는 전성자의 의중을 간파하고 집에 돌아와 하인을 시켜 나무를 베도록 했다. 하인이 도끼로 나무를 몇 번 내리찍었을 때 습사미가 그만두라고 했다. 하인이 물었다.

"나무를 베라고 하시더니 왜 갑자기 마음이 변하셨습니까?"

습사미가 말했다.

"옛날 속담에 '깊은 연못 속의 물고기를 아는 사람은 불길하다'라고 했다. 전성자가 큰일을 꾸미고 있는데, 내가 그것을 알아차리고 나무를 벤다면, 그는 나를 방심할 수 없는 자라 여길 것이다. 나무를 베지 않는 것은 죄가 되지 않지만, 다른 사람이 말하지도 않는 것을 알았다면 그것은 큰 죄가 된다. 그래서 나무를 베지 말라고 한 것이다."

습사미가 나무를 베려던 이유는 전성자의 속마음을 읽었기 때문입니다. 전성자의 의도를 간파해 그를 존중하려고 한 것입니다. 군주에게 그런 신하가 있다면 천군만마를 얻은 것과 같습니다. 누군가 자신의 의도를 읽어 내서 그대로 처리해 준다면 얼마나 좋겠습니까?

그러나 한비는 그 이면의 사실도 강조합니다. 즉 절대 권력자에게 간언할 때는 극히 조심하라는 것입니다. 군주의 의도를 파악해 간언하고 미리 행동에 나선다는 게 항상 옳지만은 않기 때문입니다. 군주가 그 간언을 경청할 준비가 되지 않았다면 문제가 생길수 있고, 자칫하면 화를 불러올 수 있습니다. 습사미도 전성자의 속마음을 읽은 후 자신에게 어떤 영향을 끼칠지 생각한 뒤 신중하게 결론을 내렸습니다.

〈설림 상〉편에는 자기 속마음을 표현하는 것에 관한 다른 이야기가 이어집니다.

*

양자가 송(宋)나라 동쪽을 여행하다가 어느 여관에 묵게 되었다. 여관에는 식모아이가 둘 있었는데, 못생긴 아이는 사랑받고 예쁜 아이는 천대받고 있었다. 양자는 이를 이해할 수 없어 이유를 물었더니 여관 주인이 이렇게 답했다.

"예쁜 아이는 예쁜 점을 자랑해서 제게는 조금도 예쁘게 보이지 않습니다. 그러나 못생긴 아이는 스스로 못났다는 것을 알아서 겸손하게 행동하니 추하게 보이지 않습니다."

이 말을 듣고 양자가 제자에게 말했다.

"자기 행동이 현명하다 할지라도 자신의 현명함을 자랑하는 마음을 버린다면 어딜 가든 존중받을 것이다. 반대로 자신의 현명함을 자랑하는 마음이 있으면 미인처럼 천대받을 것이다."

한비는 두 아이 예화를 통해 군주의 자세를 알려 주었습니다. 그대로 실천하는 것이 결코 쉽지 않습니다. 자기 속마음을 어디까지 표현해야 하는지, 명확한 선이 없어서 더욱 그렇습니다.

　신하의 간언을 경청할 준비가 된 군주에게는 자신의 속마음을 꿰뚫고 알아서 일을 처리해 주는 신하가 금상첨화입니다. 하지만 그렇지 않은 군주에게는 자신의 속마음을 꿰뚫는 신하가 부담스러울 따름입니다. 그런 군주를 둔 신하로서는 '나 몰라라' 하며 죽은 듯이 지내는 것도 답이 아닙니다. 왜냐하면 그것은 신하의 도리를 저버리는 일이기 때문입니다.

　과유불급이란 말이 있습니다. 《논어》〈선진(先進)〉 편에 나오는 이 말은 정도가 지나친 것은 모자란 것과 같다는 뜻입니다. 중용(中庸)의 덕을 강조하는 말입니다.

　공자의 제자 자공이 물었습니다.

　"자장과 자하 중 누가 더 어집니까?"

　공자가 답하기를, "자장은 지나치고 자하는 미치지 못한다."

　자공이 다시 물었습니다.

　"그렇다면 자장이 더 낫다는 말입니까?"

　이에 공자는 "지나침은 미치지 못함과 같다"라고 대답했습니다.

　자장은 기상이 활달하고 생각이 진보적이어서 매사를 지나치게 하는 경향이 있었습니다. 반면 자하는 항상 조심하며 모든 일을 현실적으로만 생각해 매사에 부족했습니다. 공자는 이 둘을 보며 지나치지도 모자라지도 않은 상태, 즉 어느 한쪽으로 치우침이 없는 균형을 이루는 것이 중요하다고 강조했습니다.

　우리 삶에서 중용의 덕을 살리려면 어떻게 해야 할까요? 첫 번째로 포용력이 있어야 합니다. 상대를 품을 수 있는 넓은 마음과 역지사지 정신이 필요합니다. 자기 입장만 고수하면 상대를 볼 수 없고, 상대의 의중을 간파해야 그에 합당한 대처를 할 수 있습니다. 상대가 성장하고 잠재력을 발휘할 수 있도록 여유와 기다림의 미덕을 갖추는 것도 중요합니다.

두 번째는 새로운 사실과 지식에 대한 대응력을 키우는 것입니다. 양극단의 모든 것을 꿰뚫어야 중용에 이를 수 있습니다. 어느 한쪽에 치우친 지식으로는 상황에 올바르게 대처할 수 없습니다. 평소에 다양한 지식과 기술을 습득하도록 노력해야 할 이유이지요.

세 번째는 절제하는 마음을 훈련하는 것입니다. 절제란 지나치지도 않고 모자라지도 않게 조절하는 능력을 말합니다. 한마디로 자기조절 능력이죠. 습사미가 전성자의 의중을 꿰뚫고 대응하려다가 생각을 바꾼 것도 그런 절제에 해당합니다. 얼굴이 예쁜 아이가 자기 미모를 자랑하지 않는 것도 절제입니다. 절제는 자신이 하고 싶은 대로, 생각나는 대로, 마음 내키는 대로 행동하지 않고 자기 마음을 통제해 말과 행동을 가다듬는 것입니다.

삶에서 지나치지도 모자라지도 않게 균형을 이루는 것이 고요히 내면을 지키는 길입니다. 내면을 지킬 때 내면의 힘이 강해져서 혼란한 삶에서도 자기 삶을 탄탄하게 가꿀 수 있습니다.

제 40장

왜 꾸미지 않을 때 더 빛날까?

부양약고어미, 이지자권이음지, 지기입이이기질야.
夫良藥苦於味, 而智者勸而飮之, 知其入而已己疾也.
충언불어이, 이명주청지, 지기가이치공야.
忠言拂於耳, 而明主聽之, 知其可以致功也.

좋은 약은 입에 쓴 데도 지혜로운 자가 먹도록 권하는 것은 그것이 몸에
들어가면 병이 낫는다는 것을 알기 때문이다. 충성된 말은 귀에 거슬리는
데도 현명한 군주가 그것에 귀를 기울이는 것은 공을 이룰 수 있음을 알
기 때문이다.
– 《한비자》〈외저설(外儲說) 좌상〉 편

"군주가 말만 앞세우고 실용성을 따지지 않고 겉치레에
골몰해 전시효과만을 노리면 그 나라는 망한다."

남에게 보이는 것에 신경을 쓰다 보면 보이지 않는 면에 대해 소
홀해집니다. 내면의 힘과 성숙해지는 것은 보이지 않습니다. 이 보
이지 않는 면에 에너지를 집중하지 못하면 개인은 물론이고, 기업
도 공동체도 뿌리가 흔들리게 됩니다.

한비도 겉치레의 위험성에 대해 여러 차례 강조했습니다.

〈망징(亡徵)〉 편에서 나라를 망하게 하는 마흔일곱 가지 징조를
열거했는데, 그중 첫 번째와 열 번째를 살펴보겠습니다.

＊

첫째, 군주가 다스리는 나라는 적은데 신하의 저택은 크고, 군주의
권력은 약한데 대신의 세력이 크면 망한다.

열째, 군주가 자기 마음대로 포상하기를 좋아하고 법규를 따르지 않으며, 말만 앞세우고 실용성을 따지지 않고 겉치레에 골몰해 전시효과만을 노리면 그 나라는 망한다.

망징(亡徵)이란 나라가 망할 징조를 뜻합니다. 한비는 자기 분수를 모르고 보이는 것에만 치중하며 사는 것을 망할 징조라고 했습니다. 능력도 안 되는데 신하가 큰 집을 짓고 전시효과만을 노리고 겉치레에 신경 쓰다 보면 나라의 근간이 흔들립니다. 그런 나라는 얼마 못 가 망할 것입니다.

〈해로(解老)〉 편에서 한비는 본질이 아름답지 않기 때문에 지나치게 꾸미려 한다고 이야기했습니다.

✳

무릇 군자는 마음을 취하고 겉모양을 버리며 본질을 좋아하고 꾸민 것을 싫어한다. 겉모양에 의지해 속마음 운운한다면 이는 그 마음이 나쁘기 때문이며, 꾸밈에 의거해 본질을 논한다면 그 본질이 빈약하기 때문이다. 어째서 그렇게 말하는가?

화씨의 구슬은 본래 오색찬란해 색칠할 필요가 없었고, 수후(隋候)의 구슬은 본래 아름다워 금이나 은으로 장식할 필요가 없었다. 그 본질이 매우 아름다워 다른 사물로 꾸밀 필요가 없었다는 이야기이다. 꾸밈 때문에 사물이 사용되는 것은 그 본질이 아름답지 않기 때문이다.

한비는 본질이 아름다우면 굳이 꾸밀 필요가 없다고 했습니다. 아름답지 않으니 아름답게 보이려고 꾸미는 것입니다. 겉치레에 신경 쓰는 것은 대부분 자신의 부족함을 보완하기 위함입니다. 부족함을 느끼지 않는다면 굳이 꾸미기에 열중할 필요가 없습니다.

다음의 〈외저설(外儲說) 좌하〉 편은 아이들이 노는 장면을 통해 겉치레를 비꼬고 있습니다.

*

제(齊)나라에 개가죽을 쓰고 도둑질하는 자의 아들과, 죄를 범하고 발목이 잘린 자의 아들이 서로 자랑을 했다. 개가죽을 쓰고 도둑질하는 자의 아들이 말했다.

"가죽옷에 꼬리가 달린 것은 우리 아버지의 옷뿐이야."

다리를 잘린 자의 아들이 말했다.

"겨울에 덧바지를 입는 사람은 우리 아버지뿐이야."

도둑질하는 자의 아들은 아버지의 개가죽 옷을 자랑합니다. 개가죽 옷은 도둑이 담을 넘을 때 개가 짖지 못하도록 막기 위한 옷이었습니다. 그런데 아이는 가죽옷에 꼬리가 달렸다고 자랑합니다. 발목이 잘린 죄수는 자신의 약점을 감추기 위해 덧바지를 입습니다. 겨울이라 보온 때문에 덧바지를 입는다지만, 그는 잠을 잘 때도 잘 벗지 않았습니다. 아버지의 발을 보지 못한 아들이 아버지의 옷만 자랑한 까닭입니다.

두 아이 모두 속사정을 모르고 겉으로 드러난 것만을 자랑했습니다. 한비는 이 이야기를 통해 군주와 신하가 겉만 그럴듯하게 포장해서 자신의 이익을 취하려는 태도를 비판했습니다.

겉치레에 몰두하는 사람은 대부분 외면을 꾸미는 것으로 자신의 부족함을 보완하려 합니다. 형편이 되지 않는데 허세를 부리려고 무리해서 겉치장에 신경 쓰는 사람도 있습니다. 카드빚을 내서 명품을 산다든지, 형편에 맞지 않는 평수의 아파트를 장만하는 것이 다 허세입니다. 명품과 아파트 평수가 자신을 대변한다고 여겨서 그렇습니다. '하우스 푸어' '외제 차 푸어' '명품 푸어' 같은 말들은 우리 사회에 얼마나 겉치레 문화가 만연해 있는지를 느끼게 해줍니다.

개인뿐만 아니라 각 자치단체도 겉치레 때문에 심각한 문제를 드러내고 있습니다. 자치단체장의 업적을 자랑하기 위해 무리하게 예산을 집행하고 선심 행정으로 혈세를 낭비하는 일이 비일비재합니다. 실제 활용도는 따지지 않고 무조건 크고 멋지게만 지어 흉물로 변해 가는 건물들이 얼마나 많습니까? 그것이 바로 우리의 자화상입니다. 이제는 겉모습뿐만 아니라 내면의 성숙에 관심을 가져야 할 때입니다.

무릇 군자는 내면을 취한다고 한비는 말했습니다. 내면의 성숙과 성장, 가치를 더 중요하게 여기는 사람이 군자이며 참된 리더입니다. 내면에 가치를 두고 내면이 풍성해지면 더는 겉치레에 신경 쓰지 않게 됩니다.

장자(莊子)의 삶은 우리에게 많은 메시지를 줍니다. 장자는 책을 읽고 느낀 성찰들을 책으로 엮어 내어 삽시간에 유명세를 탔습니다. 장자를 만나고 싶어 하는 사람이 많아졌습니다. 그런데도 장자는 여전히 예전 모습을 유지하며 살았습니다. 그 모습을 보고 한 제자가 이렇게 말했습니다.

"찾아오는 손님이 많으니 헌 옷은 버리고 새 옷을 입으시지요."

그 말에 장자는 이렇게 답했습니다.

"나는 겉치레에 얽매이고 싶지 않네. 사람들이 나를 찾는 것은 내 학식 때문이지, 내 옷차림을 보려고 오는 것은 아니질 않나?"

장자는 겉치장보다 내면의 가치에 더 비중을 두었기에 낡은 옷을 입는 걸 개의치 않았습니다.

차, 집, 옷으로 사람의 인격과 삶을 평가하지 마십시오. 사람의 됨됨이와 내면의 가치로 승부를 거는 문화가 정착돼야 합니다. 겉으로 드러난 것으로는 인생의 갈증을 해소할 수 없고 행복은 내면의 깊이와 넓이, 높이의 힘에서 만들어집니다. 모두가 불안해하는 이 시대, 오직 내면이 강한 사람이 승자임을 기억하십시오.